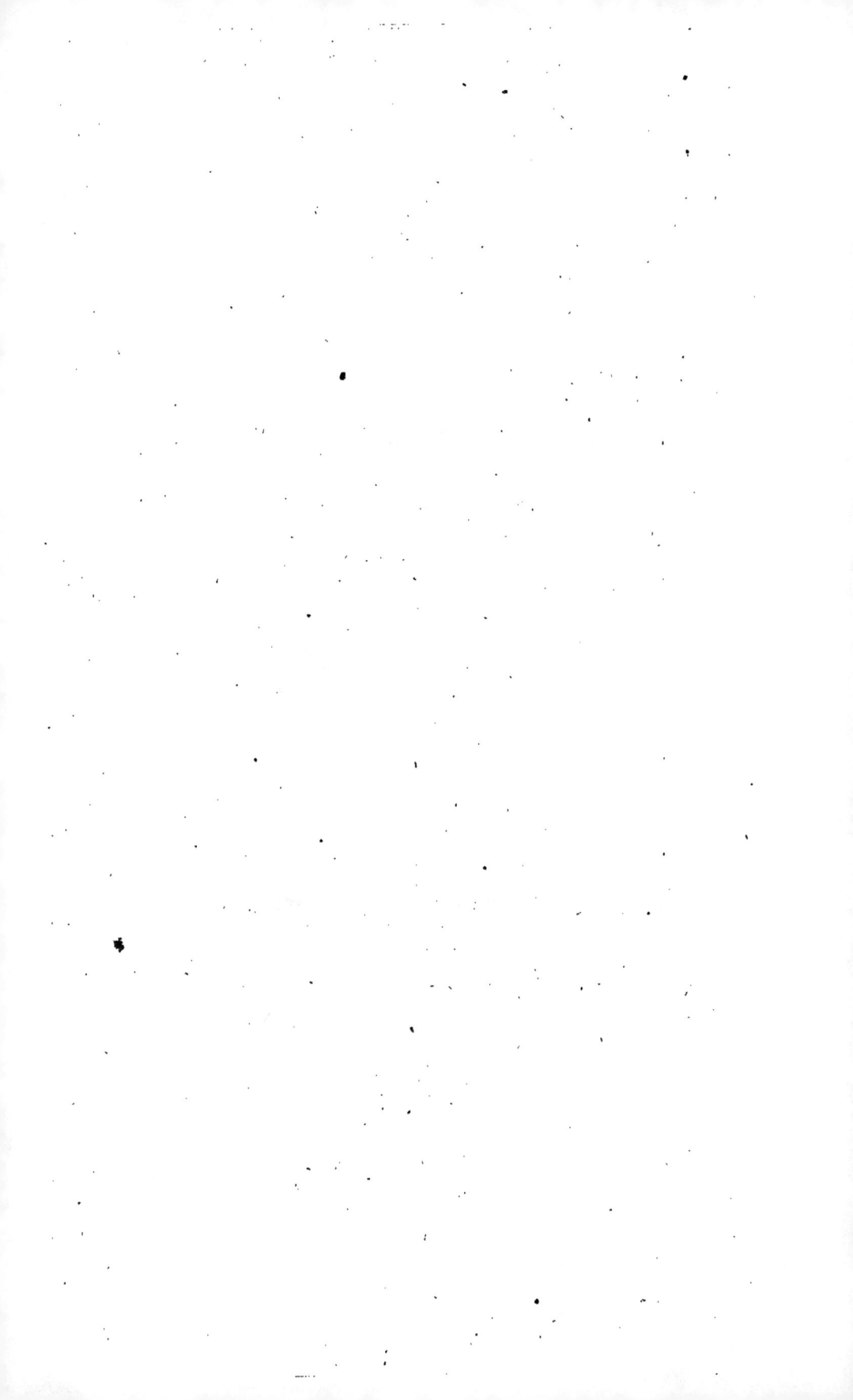

ÉTUDE ANALYTIQUE,

RAISONNÉE ET CRITIQUE

DU

CODE CIVIL,

CONSIDÉRÉ EN CE QU'IL CONCERNE

LES

PRIVILÉGES ET HYPOTHÈQUES.

ÉTUDE ANALYTIQUE,

RAISONNÉE ET CRITIQUE

DU

CODE CIVIL,

CONSIDÉRÉ EN CE QU'IL CONCERNE

LES

PRIVILÉGES ET HYPOTHÈQUES,

CONTENANT

Les Arrêts des Cours royales et de la Cour de cassation ;
L'opinion des Juristes qui ont traité de la matière ;
La Loi du 25 ventôse relative à la fonction de Notaire ;
150 Modèles d'Inscriptions ;
Et une légère esquisse du plan d'enseignement de l'auteur ;

PAR M. COLLAS,

PROFESSEUR DE NOTARIAT A ANGOULÊME.

Tome Premier.

ANGOULÊME,

CHEZ REYNAUD, IMPRIMEUR, RUE DU DOYENNÉ.

1837.

Le SECOND et DERNIER VOLUME, actuellement
sous presse, paraîtra dans trois mois,

Je regarderai comme contrefait tout Exemplaire
qui ne sera pas revêtu de ma signature.

PRIX : 20 FRANCS.

PRÉFACE.

La loi sur le nouveau régime hypothécaire n'est pas rédigée avec toute la lucidité désirable. Le silence, l'inhomogénéité ou l'insuffisance de ses dispositions ont donné lieu à d'inextricables difficultés, à des débats judiciaires éternels.

Toutefois, la jurisprudence a porté une vive lumière dans le chaos et comblé bien des lacunes. Un praticien laborieux, ne fût-il que médiocrement instruit, connaît maintenant presque tous les écueils dont est sillonné le terrain sur lequel il marche. De là, la conséquence naturelle et logique que les notaires inexacts à les signaler à leurs clients devraient, même en l'absence de toute pénalité légale, encourir une responsabilité qu'aucune considération quelconque ne pût leur faire décliner. Objecteraient-ils, pour s'y dérober, que ceux-ci sont censés avoir

voulu courir la chance du choix dont ils dé-
plorent les résultats? La prodigieuse ineptie
d'un pareil raisonnement est trop évidente
pour pouvoir le supposer. Du reste, la loi
n'est ni comminatoire ni désarmée : un de
ces fonctionnaires a été récemment, en vertu
de ses dispositions, mulcté de condamnation
au paiement d'une indemnité de 84,000 fr.
en faveur d'un créancier dont il avait mal
dirigé ou surveillé un placement d'argent.

Je connais moi-même les écueils dont je
viens de parler, et je les ai mesurés pour les
vaincre.

J'enseigne qu'on peut, en certains cas,
inscrire à l'aide d'actes sous seing privé, tels
que vente, partage, licitation, testament
olographe, billet à ordre et autres. Avis aux
lecteurs, et principalement à ceux qui, avant
qu'on leur eût indiqué les sources élevées d'où
découle la solution, prétendaient que cela
était impossible!!! On compte parmi les derniers maints conservateurs.

J'ai remarqué que les créanciers subrogés

au débiteur contre les compagnies d'assurance, en cas d'incendie, ne font jamais la
signification prescrite par l'article 1690 du
Code civil.

Cette formalité est pourtant indispensable
pour donner à d'innombrables capitalistes
une sécurité convenable. La masse imposante
des droits compromis et l'erreur commune
que je relève les font pour ainsi dire sortir de
la sphère des intérêts privés, et donnent à
l'inobservation générale de la mesure conservatoire un caractère si frappant de gravité,
que la disposition précise méconnue ne sera
sans doute pas désormais une lettre morte.

Je n'ai donc pas cru devoir hésiter à divulguer cette lacune, et cela avec d'autant
plus de raison qu'on croit que le chiffre réuni
des sommes sur lesquelles la déviation légale
fait peser une chance de perte n'est pas infé-
rieur à trois cents millions!

Or, puisque d'un côté le danger, de l'autre le moyen de sauvegarder les créances
menacées, sont ainsi mis dans leur plein jour,

il sera difficile de trouver un créancier qui balance à prendre le parti qu'il lui importe si évidemment d'adopter.

Malgré l'immense utilité qui perce si visiblement, je crains que les éteignoirs nè se pressent à l'envi pour étouffer la lumière que je fais jaillir et dont l'expansion, si elle n'était paralysée, aurait un grand effet. Il est aisé de le concevoir sans qu'il soit besoin de l'exprimer.

Au surplus, je désirerais qu'on m'expliquât pourquoi, dans un siècle prodigieusement progressif, on se voit enfoncé à une telle profondeur dans l'ornière du rétrogadisme.

J'observe qu'en matière de licitation, le législateur ordonne au titulaire de la créance de requérir lui-même l'inscription; que l'article 2109 s'applique à l'espèce exclusivement à l'article 2108.

Cependant, que l'indivision continue ou non de subsister entre quelques-uns des copropriétaires, et bien qu'au second cas l'inscription d'office soit illusoire, elle est presque généralement regardée comme une complète garantie, par suite d'une hérésie qui, quoique flagrante, s'est conciliée de nombreuses sympathies.

Si donc, au mépris de cet avertissement donné avec l'accent de la conviction, on s'obstine à suivre les anciens erremens, le créancier se verra souvent acculé dans une voie sans issue, et, dans cette situation désespérée, obligé d'abdiquer ses droits ou de transiger à des conditions onéreuses avec les tiers à la merci desquels il se sera mis en suivant l'usage dont j'appelle de mes vœux la prompte réforme.

Et, à cet égard, je m'adresse principalement, avec la certitude de rencontrer de fidèles échos, aux esprits spéculatifs et pratiques : la position du cohéritier leur paraîtra, j'en suis sûr, toute palpitante d'intérêt, surtout s'ils réfléchissent que l'action réipersécutoire lui est formellement déniée, et qu'il se trouve dès lors exposé au danger de perdre la chose et le prix.

La question de savoir si les expressions domicile et demeure sont synonymes et peuvent être employées indistinctement a été long-temps problématique. Une série d'arrêts uniformes de la Cour suprême a pu seule faire cesser les doutes et la controverse sur ce point important. Des auteurs et les praticiens moutonniers continuent, néanmoins, de porter leurs prédilections sur le mot demeure, encore que l'article 2148, qui trace le formulaire des bordereaux d'inscription, se serve exclusivement du terme domicile.

Armé d'un texte si explicite, je puis forcer les convictions les plus obstinées, et ramener à sa stricte exécution ses infracteurs dont le chiffre s'élève sans contredit à plusieurs milliers!

J'établis que l'acquéreur peut se prévaloir de la stipulation d'hypothèque, alors même qu'ayant purgé, il ne reste aucune chance d'éviction du chef des créanciers de son vendeur, lorsque celui-ci a souscrit une obligation indéfinie de garantie.

Les contrats hypothécaires sont moins faciles qu'on ne pense : tout récemment un notaire chez qui se trouvent réunis tact exquis, rectitude de jugement, somme élevée de connaissances, le tout accompagné, il est vrai, d'un excessif optimisme, en a reçu un où la clarté et la précision ne se font nullement remarquer, bien que l'opération eût été déjà élaborée : une contestation est près de naître ; une autre chose non moins précieuse aurait été nécessaire pour porter assez loin la prévision ; c'est le spécialisme : il est indispensable pour, dans les transactions, couper court aux subtiles controverses de la chicane.

Je professe que le débiteur ne peut plus réclamer le bénéfice du terme, s'il vend une partie quelconque de l'immeuble hypothéqué.

Il est pourtant dans l'ordre des choses possibles que l'écueil qui se montre à nu brisera celui-là même à qui on l'aura plus particulièrement signalé, tant il est difficile à certains scribomanes (pardon du mot) de dépouiller les vieilles habitudes et de secouer les préjugés de la routine.

Un notaire, imbu de ces préjugés et hostile à la marche ascendante et rapide de l'esprit du siècle, trouve d'abord exagérée la rigueur du point de jurisprudence que je viens de lui révéler, soutient qu'on doit, en affaires, aller à pas de tortue, puis reçoit, dès le lendemain, un acte portant vente au prix de 1,000 fr. de partie d'un immeuble affecté au paiement de 35,000 fr., et cela sans interdire à l'acquéreur la faculté de purger avant l'exigibilité de la dette

Que ce fonctionnaire y prenne garde! s'il conserve sa sympathie pour l'immobilisme, et ne donne à ses investigations peu motivées une direction nouvelle, si, enfin, il persiste à méconnaître le suffrage de l'expérience, des droits évidens, incontestables, dont on lui aura confié le soin, seront mainte fois, par son fait, gravement compromis : je connais des débiteurs qui seraient exposés à une imminente expropriation, si leurs créanciers intentaient l'action en déchéance dont s'agit.

Les articles 878 et 2111 autorisent l'inscription du privilége de la séparation de patrimoines, sans distinction des créanciers hypothécaires et des créanciers chirographaires.

Ces dispositions importantes, qui devraient être familières aux légistes les plus exigus, passent néanmoins en général inaperçues ; car plusieurs conservateurs ne m'ont pas dissimulé que leur tableau hypothécaire est, jusqu'ici, resté vierge de l'immatricule d'actes de ce genre.

Quiconque connaît la matière délicate que je traite et dont l'élucidation est l'objet constant de mes préoccupations, conçoit donc facilement qu'une inextricable involution de procès, bien qu'encore dans les futurs contingens, aura lieu vraisemblablement : il est des cas, et l'hypothèse actuelle est de ce nombre, où l'erreur s'est tellement répandue et accréditée que la lumière ne peut surgir et la remplacer sans qu'il y ait, pour divers, amer désappointement, cruel mécompte.

Pareillement, l'inscription du privilége concernant la garantie usitée en matière de partage n'est presque nulle part mise en pratique : on pense généralement que la mesure prescrite à tout cohéritier peut, sans inconvénient, se renfermer dans le cercle tracé par l'article 2109, et avoir pour objet exclusif la conservation d'une soulte ou d'un prix de vente sur licitation.

Le scepticiste le plus hardi oserait-il, d'après cela, douter qu'il existe des praticiens incompatibles avec le progrès?

Qu'on y prenne garde! L'aberration que je combats a une très large portée : j'aurais déjà vu plus d'une fortune s'éclipser si, avant la signature de transactions commandées par une bonne inspiration, la lumière, au lieu de rester sous le boisseau, était venue éclairer l'examen et la discussion de la légalité des prétentions rivales.

Je soutiens que l'introduction de la locu-
tion acte sous seing privé dans l'article 2148,
serait l'application saine et logique des articles combinés 878, 1582, 2095, 2111 et
autres de ce Code. J'ai dû, avant tout, appro-
fondir les vues du législateur, chercher à pénétrer sa pensée, et démontrer qu'une erreur
est échappée à sa profonde méditation.

J'ajoute que le vendeur peut valablement
inscrire pour dix années d'intérêts, et je me
fonde sur ce que l'article 2151, qui limite
l'exercice d'un pareil droit, n'est relatif
qu'aux créanciers purement hypothécaires.

Quoique les principes ci-dessus soient con-
sacrés par la loi, ils passent néanmoins ina-
perçus, et cette considération, qui mérite
toute l'attention de mes lecteurs, aurait seule
suffi pour déterminer les réflexions prélimi-
naires que j'ai cru devoir leur présenter.

Je prétends qu'en général la routine fait
tous les frais de l'éducation notariale, et je
prouve que ma conviction est partagée par
d'imposantes sommités.

Mes formules d'inscription ne présentent pas, à beaucoup près, la même physionomie ; elles se distinguent par des nuances plus ou moins tranchées, et à tel point que, si on ne les voyait groupées dans un même cadre, il serait difficile de se fixer sur leur véritable filiation et de les croire échappées de la même plume : j'aime des perspectives variées, et la rédaction monotone adoptée par les praticiens que l'inhabitude de réfléchir laisse à la vie mécanique me paraît insupportable.

Je fais constamment marcher de front la théorie et la pratique : leur alliance est nécessaire pour acquérir une solide instruction. Grâce à cette heureuse combinaison, on a, pour ainsi dire, la science toute préparée, la science mise en action.

Je ne passerai pas long-temps sous silence de hautes vérités qu'il importe infiniment de savoir, et qu'on verrait bientôt se formuler et se propager, si de soi-disant aptumistes n'y mettaient obstacle. Ces misologues n'étant initiés qu'aux petits secrets de la science,

tout système qui tend à les faire sortir du
cercle étroit et vulgaire dans lequel ils semblent vouloir s'immobiliser est taxé par eux
d'utopie peu sensée. Mais le légiste dévoué au
progrès fait sa route, et ne s'embarrasse point
des roquets qui aboient en chemin.

Je n'entrerai pas dans des détails plus éten-
dus; mais je prends l'engagement d'honneur
de prouver plus tard que plusieurs articles
du Code civil sont implicitement abrogés ou
très-modifiés par le Code de procédure; et
qu'il existe un moyen sûr d'éviter une infinité
de procès, vraie plaie sociale.

Cette assertion, je le sens vivement, sera
peu goûtée : ceux-là mêmes qui, par l'effet
d'une erreur sans doute involontaire, niè-
rent d'abord qu'une inscription peut être formée en vertu d'un acte inauthentique, lui
refuseront peut-être leur acquiescement; le but
leur paraîtra par trop grandiose. Quoiqu'il en
soit, jaloux au plus haut degré de bien mériter
de la science et du pays, je triomphe de mes
hésitations, et j'ose dire que j'y atteindrai.

Le suffrage du public judicieux, éclairé de l'esprit de notre époque auquel je suis heureux d'offrir le fruit tardif d'une longue expérience serait pour moi un puissant véhicule : ma plus grande ambition serait satisfaite s'il m'en jugeait digne.

M. le chevalier Larreguy, préfet de la Charente, se concilie l'amour et l'admiration de ses ressortissans par sa vaste érudition et une administration vigilante, sage et paternelle : un accroissement sensible de prospérité et de splendeur pour le département dont la direction lui est confiée en est le brillant résultat.

M. Gellibert, chevalier de l'ordre royal de la Légion-d'Honneur, ex-député, maire d'Angoulême, **MM**. Ganivet-Delisle et Janet, ses adjoints, animés du sentiment inné du bien public, ont une attention marquée à faire fleurir la commune dont ils sont les chefs, et à en assurer l'avenir par tous les moyens à leur disposition.

Le conseil municipal, persuadé que les lumières sont le patrimoine de l'étude et de la vraie philosophie, vient de doter le collége d'une chaire de législation usuelle.

Tous les autres magistrats de l'ordre administratif et judiciaire rivalisent de zèle et de talent, et remplissent leurs graves fonctions avec une rare distinction.

Le barreau réunit de beaux titres : mérite, éloquence et succès.

MM. les avoués sont également à la hauteur de leur important ministère.

L'instruction publique est dirigée par des mains habiles : la science s'acquiert dans une progression rapide et constante.

Le notariat brille-t-il aussi d'un vif éclat? Il intéresse à un degré éminent la société. Tout ce qui tend à en favoriser l'essor mérite sous ce rapport l'assentiment général. Cette science veut, à l'instar de tant d'autres, se développer et étendre ses perfectionnemens. Elle a donc droit à des encouragemens. Aussi va-t-on retoucher la loi organique du 25 ventôse an 11, et y introduire d'importantes améliorations qui combleront sans doute le vide qui se fait si sensiblement remarquer dans un mode usité d'instruction inconciliable avec le progrès, et, par conséquent, contraire à l'esprit, sainement entendu, de cette loi.

Le noble exemple des honorables fonction-naires dont j'ai déjà parlé a produit sur moi un effet électrique, et influé avec un poids infini sur ma détermination à publier immé-diatement mon ouvrage : je n'hésite pas à déclarer que la science expectante ou inactive porte, comme l'ignorance, un fruit délétère.

CODE CIVIL.

LIVRE III.

TITRE XVIII.

DES

PRIVILÉGES ET HYPOTHÈQUES. (1)

CHAPITRE PREMIER.

Dispositions générales.

L<small>ES</small> biens présens et à venir du débiteur sont le gage de ses créanciers ; et le prix s'en distribue entre eux au marc le franc, à moins que quelques-uns n'aient des priviléges ou hypothèques, causes de préférence, articles 2092, 2093 et 2094.

(1) Déc. le 19 mars 1804. Prom. le 29.

CHAPITRE II.

Des Priviléges.

———

Le privilége est un droit accordé à un créancier d'être payé avant d'autres, même hypothécaires. Il résulte de la nature de la créance, 2095.

La faveur de la cause, et non la date de l'obligation, règle cette préférence, 2096.

Ainsi, les créanciers qui sont au même rang concourent ensemble, 2097.

1. Ceci posé, il est évident que deux cessionnaires de parties d'une créance privilégiée seront payés par concurrence, bien que la cession de l'un soit antérieure à celle de l'autre, si d'ailleurs les actes de cession ne renferment aucune clause spéciale. (Cour de cassation, 7 janvier 1817. Sirey, tome 17, 1re partie, page 373.)

Des lois spéciales règlent le privilége relatif aux droits du trésor public.

Elles n'ont point d'effet rétroactif au préjudice des tiers, 2098.

2. Le privilége et l'hypothèque maintenue par cet article et l'article 2121 , en faveur du trésor royal, sur les biens meubles et immeubles des comptables, chargés de la recette ou du paiement de ses deniers, sont réglés par la loi du 5 septembre 1807. (*Idem,* tome 8, 2ᵉ partie, page 22.)

3. Les dispositions de ces articles et de cette loi s'appliquent au trésor de la Couronne, et soumettent aux mêmes hypothèques les biens de ses agens comptables. (25 février 1808 , avis du Conseil-d'état. *Idem*, 8 , 2 , 103.)

4. Les priviléges du trésor, pour le recouvrement des contributions directes, ne porte point sur les immeubles du débiteur; il s'étend seulement, pour la contribution foncière , aux fruits et revenus des immeubles qui y sont assujettis; et, pour la contribution mobilière et autres de cette nature, aux meubles des redevables. Ce privilége, ainsi limité, est absolu, en ce sens qu'il prime tous les autres. (Loi du 12 novembre 1808. *Idem,* 9, 2, 9.)

5. De ce que le privilége du trésor n'affecte pas les immeubles des contribuables, il s'ensuit que les droits du trésor sont assimilés à ceux d'un créancier ordinaire , obligé de venir par concurrence. (Ordonnances royales, 23 juillet 1809 et 19 mars 1820. *Idem,* 20, 2, 302 et 303.)

6. Le privilége du trésor ne peut s'exercer, pour le droit de mutation par décès, sur les immeubles

de la succession au préjudice des créanciers inscrits avant son ouverture. (Cour de cassation, 6 mai 1816. *Idem;* 16, 1, 423.)

On distingue les priviléges sur les meubles et sur les immeubles, 2099.

SECTION PREMIÈRE.

Des priviléges sur les meubles.

Les priviléges sont généraux ou spéciaux, 2100.

§ Ier.

Des priviléges généraux sur les meubles.

Les créances auxquelles le privilége sur la généralité des meubles est attaché sont :

1° Les frais de justice ;

2° Les frais funéraires ;

3° Les frais de dernière maladie ;

4° Les salaires des gens de service, pour l'année échue et ce qui est dû de l'année courante ;

5° Les fournitures de subsistance faites au débiteur et à sa famille, pendant les six derniers mois, par les marchands en détail, et pendant la dernière année, par les marchands en gros, 2101.

§ II.

Des priviléges sur certains meubles.

Les créanciers priviligiés sur certains meubles
sont :

Le propriétaire sur les objets garnissant les lieux
loués;

L'aubergiste sur les effets apportés dans son
auberge;

Le créancier pour les frais faits pour la conservation de la chose.;

Le vendeur d'effets mobiliers non payés;

Le créancier sur le gage dont il est nanti ;

Le voiturier sur les objets transportés ;

Les créanciers des fonctionnaires publics sur leur
cautionnement, 2102.

7. Le privilége du propriétaire, pour le paiement
de ses loyers, porte-t-il sur les objets qui ont été
déposés entre les mains de son locataire, sans que
celui-ci lui ait donné connaissance du dépôt?

L'affirmative est enseignée par M. Grenier, Traité
des Hypothèques, n° 311. Après avoir observé que
le privilége du bailleur s'étend aux bestiaux qui sont
introduits dans le domaine affermé, si la notification
prescrite par l'article 1813, Code civil, n'a pas eu

lieu, il ajoute : « Il en devait être de même des meu-
» bles et effets que le fermier ou locataire aurait
» reçus en dépôt ou en nantissement. Le proprié
» taire de ces objets ne pourrait les soustraire au
» privilége du bailleur qu'en lui faisant connaître
» légalement l'acte par lequel le locataire ou fermier
» en est devenu possesseur. »

L'opinion de M. Grenier est une erreur flagrante.
Le privilége étant de droit étroit, il ne peut s'exercer si la loi ne l'autorise formellement. Cette vérité
lucide force la conviction.

Reconnaissons donc que le privilége du locateur
sur tout ce qui garnit l'immeuble loué ne frappe que
les objets qui appartiennent au locataire, et qu'il
ne peut grever des objets que des tiers y auraient
placés.

C'est, en effet, ce que la Cour suprême a jugé les
21 juillet 1823 et 21 mars 1826. (Sirey, 23, 1, 420;
26, 1, 390.)

8. Le privilége du propriétaire sur les objets garnissant la ferme atteint le cheptel donné au fermier
par un tiers, si la signification du cheptel au bailleur
n'a précédé l'introduction des bestiaux dans le domaine affermé. (Cour de cassation, 9 août 1815.
Idem, 20, 1, 469.)

9. Le privilége du bailleur sur les meubles du
locataire, a lieu pour tous les loyers échus; même
alors qu'il n'existe qu'un bail verbal; et si le bail a

été fait au mois et non à l'année, ce privilége peut être étendu jusqu'à dix mois. (Cour de cassation, 28 juillet 1824. *Idem,* 25, 1, 54.)

10. Le propriétaire qui, en donnant à bail un corps de domaine, transporte au preneur ses droits contre des fermiers de parties de ce domaine, renonce par cela seul et nécessairement aux priviléges résultant de sa qualité de bailleur. Le propriétaire peut donc, pour être payé des fermages à lui dus, saisir les fruits des fermiers partiaires : ces fruits sont frappés du privilége spécial du preneur, représentant le bailleur. (Cour de cassation, 14 février 1827. *Idem*, 27, 1, 146.)

11. Le privilége du vendeur sur le meuble vendu, lorsqu'il est encore à la disposition de l'achetenr, a lieu même en matière de commerce. (Cour de Turin, 16 décembre 1806. *Idem,* 6, 2, 657.)

12. En conséquence, au cas de vente d'objets mobiliers entre commerçans, le vendeur peut, si l'acheteur fait faillite, exercer non-seulement la revendication autorisée par l'article 576, Cod. comm., s'il réunit les conditions prescrites, mais même le privilége du vendeur, non payé, si les effets se trouvent encore dans les mains de l'acheteur. (Cour de cassation, 23 décembre 1829. *Idem.* 30, 1, 150.)

SECTION II.

Dn Privilége sur les immeubles.

Les créanciers privilégiés sur les immeubles sont :

Le vendeur pour le paiement du prix ;

Le bailleur de fonds pour l'acquisition, lorsque l'emploi est dûment constaté ;

Les cohéritiers pour la garantie du partage et des retours de lots ;

Les architectes et ouvriers, pour les ouvrages qu'ils ont faits, mais sous certaines restrictions ; ceux qui ont fourni les deniers pour payer les ouvriers, 2103.

SECTION III.

Des Priviléges qui s'étendent sur les meubles et les immeubles.

Les priviléges qui affectent les meubles et les immeubles sont ceux dont parle l'article 2101 et 2104.

A défaut de mobilier, ces priviléges s'exercent sur le prix des immeubles dans l'ordre ci-après :

1° Les frais de justice et autres spécifiés en l'article 2101.

2° Les créances énoncées en l'article 2103, 2106.

SECTION IV.

Comment se conservent les Priviléges.

Les priviléges sur les immeubles ne produisent leur effet que par l'inscription, 2106.

Ce principe est inapplicable aux priviléges compris en l'article 2101, 2107.

Le vendeur et le capitaliste qui a prêté l'argent pour le payer conservent leur privilége par la transcription du contrat de vente, transcription qu'ils peuvent eux-mêmes requérir à cet effet; et, néanmoins, le conservateur des hypothèques est tenu d'inscrire d'office dans leur intérêt, 2108.

Le cohéritier ou copartageant conserve son privilége sur chaque lot ou sur le bien licité, par l'inscription faite en son nom dans les soixante jours, à dater du jour du partage où de la licitation, 2109.

Les architectes, les ouvriers et ceux qui ont fourni, avec clause d'emploi, l'argent pour les payer, conservent leur privilége par la double inscription du procès-verbal constatant l'état des lieux et du procès-verbal de réception de l'ouvrage, 2110.

Les créanciers et légataires qui demandent la séparation du patrimoine du défunt d'avec celui de l'héritier conservent leur privilége sur chacun des biens de la succession par l'inscription dans les six mois de son ouverture, 2111.

Les cessionnaires exercent les mêmes droits que les cédans, 2112.

A défaut d'inscription, dans le délai prescrit, la créance privilégiée devient hypothécaire, et l'hypothèque ne date, vis-à-vis des tiers, que du jour de l'inscription, 2113.

13. Si, pour n'avoir pas été inscrit dans les trois mois, le privilége du vendeur, créé avant la loi du 11 brumaire an 7, a dégénéré en simple hypothèque, c'est au cas où l'inscription d'un autre droit hypothécaire aurait précédé celle prise par le vendeur. Ce privilége étant inscrit sous l'empire du Code civil, le vendeur prime tous les créanciers hypothécaires dont l'inscription aurait lieu plus tard. (Cour de cassation, 16 mars 18.6. Sirey, 20, 1, 353.)

14. S'il a été stipulé lors de la vente d'un immeuble que l'acquéreur ferait, avant toute aliénation, transcrire le contrat, pour tenir lieu de l'inscription du privilége du vendeur, celui-ci peut toujours, tant que cette condition suspensive n'est pas accomplie, former lui-même sur cet immeuble, encore qu'il eût été revendu à un tiers, une inscription conservatrice de son privilége à l'égard du nouvel acquéreur. (Cour de cassation, 22 novembre 1820. *Idem*, 21, 1, 128.)

15. Le privilége du vendeur est conservé par l'inscription qui en est faite avant la transcription ou dans les quinze jours qui la suivent, alors même que cette inscription serait postérieure à celle prise par les créanciers hypothécaires de l'acheteur. (Cour de cassation, 26 janvier 1813. *Idem,* 13, 1, 333.)

16. Sous le Code civil et avant celui de procédure, le privilége de vendeur d'un immeuble s'exerçait par préférence aux hypothèques des créanciers de l'acquéreur inscrites, aucun délai fatal n'étant alors prescrit pour l'inscription de ce privilége. (Cour de Rouen, 21 août 1811 ; Cour de cassation, 13 décembre 1813 ; Cour de Toulouse, 19 février 1823. *Idem,* 13, 2, 111 ; 14, 1, 46 ; 23, 2, 167.)

CHAPITRE III.

Des Hypothèques.

L'HYPOTHÈQUE est un droit réel sur un immeuble assujéti à l'exécution d'une obligation. Elle est indivisible, pèse sur tous et chacun des biens qui y sont affectés, et les suit en quelques mains qu'ils parviennent, 2114.

Elle dépend des formalités prescrites, 2115.

Elle est légale, judiciaire ou conventionnelle, 2116.

La première dérive de la loi; la seconde résulte des jugemens ou actes judiciaires; la troisième découle des conventions et de la forme extérieure des actes, 2117.

Les immeubles réels ou fictifs et l'usufruit de ces biens sont seuls susceptibles d'hypothèque, 2118.

Les meubles sont affranchis du droit de suite hypothécaire, 2119.

La législation relative aux navires et autres bâtimens de mer continue de subsister, 2120.

SECTION PREMIÈRE.

Des Hypothèques légales.

Les créances des femmes, des mineurs et interdits, ainsi que celle de l'État, des communes et des établissemens publics, sont protégées par l'hypothèque légale, 2121.

Cette hypothèque s'exerce sur les biens présens et à venir, 2122.

SECTION II.

Des Hypothèques judiciaires.

Tout jugement entraîne de droit hypothèque sur les biens présens et à venir du débiteur. Il en est de même des décisions arbitrales revêtues de l'ordonnance d'exécution, et des reconnaissances judiciaires d'obligations inauthentiques.

La même hypothèque découle enfin, avec ses attributs, des sentences rendues hors du royaume, et, si les lois politiques ou les traités n'en disposent autrement, déclarées exécutoires par un tribunal français, 2123.

SECTION III.

Des Hypothèques conventionnelles.

Ceux qui ont la capacité d'aliéner peuvent seuls hypothéquer, 2124.

Ils ne peuvent transmettre au créancier plus de droit qu'ils n'en ont eux-mêmes, 2125.

Les biens des mineurs, des interdits, et ceux des biens des absens, tant que la possession n'en est que provisoirement déférée, ne sont soumis à l'hypothèque conventionnelle que dans certains cas et suivant certaines formalités, 2126.

Une telle hypothèque ne peut être valablemeut stipulée que dans un acte notarié, 2127.

Les contrats passés hors du royaume ne produisent point d'hypothèque en France, s'il n'y a d'exception contraire à ce principe dans les lois politiques ou dans les traités, 2128.

Les biens présens peuvent seuls être hypothéqués. L'acte d'affectation doit, à peine de nullité, indiquer la nature et la situation de chacun des immeubles du débiteur, 2129.

Toutefois les immeubles à venir peuvent être affectés, lorsque les biens actuels et libres sont insuffisans, et en exprimant cette circontanse, 2130.

Le créancier peut demander un supplément d'hypothèque, ou son paiement, si les sûretés données dans le contrat sont diminuées ou ont péri : la dette est exigible, 2131.

L'hypothèque conventionnelle est nulle si la somme due n'est certaine et déterminée par l'acte : si la créance est conditionnelle, éventuelle ou indéterminée, le titulaire ne pourra l'inscrire qu'en en fixant le chiffre, et sauf réduction, si l'évaluation est exagérée, 2132.

L'hypothèque s'étend avec l'immeuble qui s'y trouve soumis et en suit les modifications, 2133.

SECTION IV.

Du rang que les Hypothèques ont entre elles.

Le rang de l'hypothèque s'établit par la priorité de l'inscription, 2134.

L'hypothèque des mineurs, interdits et femmes mariées existe vis-à-vis des tiers sans inscription, 2135.

Les maris et les tuteurs sont néanmoins tenus d'en requérir l'inscription. En cas d'inexécution de cette obligation, ils encourent la peine du stellionat, 2136.

Le législateur, pour assurer l'accomplissement d'une telle formalité, fait un appel à la vigilance de quiconque s'intéresse au mineur et à la femme, 2137, 2138 et 2139.

La femme majeure peut, par contrat de mariage,

spécialiser son hypothèque légale, si le mari lui offre les garanties désirables. La renonciation de sa part à toute inscription, serait nulle, 2140.

La même limation est admise en faveur du tuteur, 2141.

La responsabilité imposée aux maris, tuteurs et subrogés tuteurs, par les articles 2136 et 2137, est la même dans le cas où l'hypothèque a été ramenée à la spécialité, 2142.

Le tuteur qui présente des garanties suffisantes peut, exceptionnellement au principe d'indivisibilité hypothécaire, exiger la restriction de l'hypothèque pupillaire, 2143.

La femme peut aussi pendant le mariage restreindre son hypothèque. Il faut pour cela l'avis de quatre parens, 2144.

Il faut, en outre, la sanction de l'autorité judiciaire. Si le tribunal prononce la limitation, la radition de l'inscription existante sur l'immeuble dégrevé, est opérée, et l'hypothèque elle-même disparaît, 2145.

CHAPITRE IV.

Du mode de l'inscription des priviléges et hypothèques.

L'INSCRIPTION s'effectue au bureau hypothécaire de la situation de l'immeuble grevé du privilége ou de l'hypothèque. Elle ne produit point d'effet si, en cas de faillite du débiteur, elle ne la précède de dix jours au moins. Elle ne peut non plus être valablement faite contre l'héritier bénéficiaire, 2146.

Les inscriptions prises le même jour marchent d'un pas égal, 2147.

Pour opérer l'inscription, on doit représenter au conservateur l'original en brevet, l'acte sous seing privé, ou une expédition du titre dont émane le privilége ou l'hypothèque, ensemble deux bordereaux écrits sur papier timbré dont l'un peut être porté sur cette expédition, et insérer dans tous les deux,

1⁰ Les nom, prénom, profession, domicile du créancier et élection de domicile dans la circonscription du bureau;

2⁰ Les nom, prénom, domicile du débiteur, sa

3

profession ou une désignation individuelle et spéciale;

3° La nature et la date du titre;

4° Le montant des créances principales et accessoires exprimées au titre, ou que l'inscrivant évalue quant aux rentes et prestations, ou pour les droits éventuels, conditionnels ou indéterminés, lorsque cette évaluation est prescrite, et le terme d'exigibilité;

5° L'indication de l'espèce et de la situation des immeubles sur lesquels frappe son hypothèque ou son privilége, à moins que cette hypothèque ne fût légale ou judiciaire; car alors, faute de convention, une seule inscription, pour de telles hypothèques, atteindrait les biens situés dans l'arrondissement, 2148.

L'inscription peut être formée contre les héritiers du débiteur, sous la seule désignation de celui-ci, 2149.

Le préposé indique, sur son registre, la teneur du bordereau, remet au requérant, le titre original ou l'expédition, ainsi que l'un des bordereaux, au bas duquel il atteste avoir opéré l'inscription, 2150.

Le créancier inscrit relativement à une somme portant intérêt a droit de venir pour deux années et la courante au même rang que pour son capital; sans préjudice d'inscriptions spéciales produisant hypothèque à partir de leur date, pour les arrérages non protégés par la première mesure conservatrice, 2151.

Il est loisible au créancier d'opérer sur le registre hypothécaire le changement du domicile élu, en en indiquant un autre dans l'étendue du bureau.

Ses représentans ou cessionnaires par acte authentique, ont le même droit, 2152.

L'inscription des droits d'hypothèque légale a lieu sur la production de deux bordereaux, présentant seulement,

1° Les nom, prénom, profession et domicile réel du créancier, et l'élection d'un domicile dans l'arrondissement;

2° Les nom, prénom, profession, domicile ou désignation spéciale du débiteur;

3° La nature des droits à conserver, et quant aux objets déterminés, le montant de leur valeur, sans être tenu de le fixer à l'égard de ceux éventuels, conditionnels ou indéterminés, 2153.

Les inscriptions non renouvelées dans les dix ans de leur date, sont réputées non avenues, 2154.

FORMULES

d'Inscription.

I.

BORDEREAU de créance principale et accessoire portée dans l'acte de vente sous seing privé du   , enregistré à   le lendemain,

Au profit de M. Léonard Brun, notaire, domicilié   ,

Contre M. Augustin Dumaine, négociant, domicilié   ,

Pour sûreté d'une somme de neuf mille francs, savoir: ,

1° Capital, six mille francs, prix stipulé en l'acte précité, exigible le   , ci . . . . . . 6,000 fr.

2° Dix années d'intérêt, y compris la courante, trois mille francs, ci 3,000

TOTAL égal, neuf mille francs, ci 9,000

M. Brun déclare inscrire son privilége sur le domaine par lui transmis à M. Dumarin, sis   ,
consistant

Il élit domicile à   , hôtel de la mairie.

COMMENTAIRE.

La créance du vendeur étant privilégiée quant à
ses accessoires, comme pour le principal, on ne saurait y appliquer la disposition restrictive de l'article
2151, Code civil, relative aux intérêts des créances
purement hypothécaires, et empêcher que son privilége s'étende ainsi aux intérêts échus. (Cour de cassation, 8 juillet 1834. Sirey, 34, 1, 504.)

On peut inscrire valablement le privilége résultant
d'un acte sous seing privé, encore que cet acte n'ait
pas été transcrit, et que l'inscription s'opère sans que
les signatures soient reconnues. (Cour de cassation,
6 juillet 1807. Sirey, 8, 1, 42.)

Ce n'est pas tout. D'après un avis du Conseil d'état,
du 12 floréal an 13, l'acte de vente d'écriture privée
et enregistré peut être transcrit sans vérification
préalable de signatures. Or, la transcription eût conservé le privilége du vendeur. Pourquoi celui-ci ne
le conserverait-il donc pas aussi, en faisant, à l'aide
de cet acte, une inscription, mesure conservatoire,
équipollente à la transcription?

M. Brun aurait droit d'être colloqué pour l'intérêt de sa créance indépendamment de toute inscription. La vérité de cette proposition dérive clairement de la combinaison des articles 2148, n° 4, et 2151 du Code civil.

II.

M. Jean-Auguste Ruaud, avocat, domicilié   ; et pour lequel domicile est élu dans sa propre demeure, voulant manifester et assurer ses droits pécuniaires nés de l'acte de partage sous seing privé passé entre lui et M. Pierre Ruaud, son frère et cohéritier, pharmacien, domicilié   ,

Requiert inscription du privilége issu de cet acte contre son copartageant, sur le domaine tombé au lot de celui-ci, situé   , composé

Le chiffre précis de la créance protégée par cette hypothèque privilégiée, créance formant une soulte exigible, sans intérêt, le   , est de douze mille francs.

COMMENTAIRE.

On peut prendre inscription en vertu d'un acte de partage inauthentique. Car, lorsque les parties sont majeures, elles peuvent, d'après l'article 819, Code civil, faire cesser par acte privé l'indivision subsistante entre elles, et le présenter au bureau de la conservation. (MM. Tarrible, Répertoire, v° Privilége, et Troplong, Comm. des Hyp., tome 1, page 449.)

III.

Bordereau de créance éventuelle dérivant d'un acte de partage stipulé sous les signatures privées des contractans, enregistré,

Dans l'intérêt de M. Alexis Tronche, jurisconsulte, domicilié   , et pour qui domicile est élu.

Contre M. Jean-Baptiste Tronche, son fils, élève en médecine, domicilié   ,

Pour sûreté de sa créance, M. Tronche père prend inscription du privilége relatif à l'acte de partage précité contenant division en deux portions égales de la communauté qui exista entre lui et Mme Elisabeth Bernion, son épouse, sur le domaine échu à son copartageant, unique héritier de celle-ci, sa mère, situé   , consistant

Laquelle créance, exigible en cas de trouble ou éviction, est évaluée par le requérant trente mille francs.

COMMENTAIRE.

Le communiste qui a obtenu partage est investi du même privilége que le cohéritier, bien que l'article 2103 n'en parle pas, cette omission étant réparée par l'article 2109, combiné avec les articles 1476 et 1872. (MM. Grenier, tome 2, n° 407, Hyp. et Donat., t. 1, p. 656 et 672; Persil, art. 2103, §. 3, n° 2; Dalloz, Hyp., p. 52, n° 26, et Troplong, t. 1, p. 368, n° 238; Cour de cassation, 17 août 1836, Jurisprudence du Notariat, t. 9, p. 623.)

Deux des motifs du jugement confirmé par la Cour suprême sont ainsi conçus :

« . . . . qu'en effet, du rapprochement et de la » combinaison des articles 883, 1476 et 1872, C. civ., » il résulte que la susdite adjudication n'était qu'un acte » de partage, qui faisait réputer les opposans proprié- » taires *ab initio* des biens adjugés, de même que s'ils » les eussent recueillis immédiatement de l'auteur » commun; que vainement la régie méconnaît cette » conséquence, et veut attribuer à ladite adjudication » le caractère de titre translatif de propriété, de ce » qu'elle serait la suite d'une saisie immobilière pour- » suivie par les créanciers contre la société, parce » qu'il est de principe, consacré d'ailleurs par l'ar- » ticle 888, C. civ., que le premier acte qui a pour » effet de faire cesser l'indivision entre des héritiers,

» des copropriétaires, des sociétaires et autres com-
» munistes, est réputé partage, quels que soient la
» dénomination et le caractère qu'on veuille lui
» donner, la nature des actes ne devant s'apprécier
» que par leurs effets réels et positifs. »

IV.

En vertu d'un testament olographe (acte sous seing
privé, 999, C. civ.) du   , enregistré   ,

M. Jérôme Lamy, notaire, domicilié   , et
pour qui domicile est élu   ,

Requiert, contre MM. Jacques et Arnaud Durand,
sans profession, domiciliés   , pris en qualité
d'héritiers de M. Auguste Durand, leur père, auteur
de l'acte de dernière volonté susdaté, et sur les immeubles qu'a laissés à son décès celui-ci à   ,
consistant   ,

L'inscription de l'hypothèque qui découle du testament prérappelé, et du privilége de la séparation
de patrimoine du testateur d'avec celui de MM. ses
fils,

Pour sûreté de l'exécution du legs de cinquante
mille francs compris en sa faveur dans ce même
testament, exigible, sous l'intérêt légal, le

COMMENTAIRE.

L'inscription qui précède à son appui dans les articles 878, 1017 et 2111, C. civ.

Le privilége de la distinction de patrimoines se conserve par l'inscription des légataires ou créanciers formée dans les six mois de l'ouverture de la succession, encore qu'il n'y aurait eu dans ce délai de demande en séparation de patrimoines. (Cour de Nîmes ; Cour de Colmar, 3 mars 1834. Sirey, 29, 2, 214; 34, 2, 678.)

M. Troplong, Comm. des Hyp., t. 1, n° 325, professe une doctrine conforme à ces arrêts.

L'arrêt de Nîmes juge, en outre, que l'inscription conserve au créancier ou légataire la faculté d'exercer l'action en séparation de patrimoines, même respectivement aux immeubles sortis des mains de l'héritier. (V. dans le même sens sur ce dernier point, Sirey, 10, 1, 34; 28, 1, 394 et 427.)

MM. Merlin, Répertoire, v° Séparation de patrimoines, §. 3, n° 6; Chabot, des Successions, sur l'article 880; Grenier, des Hyp., t. 2, p. 442; Toullier, t. 4, n° 554, pensent, au contraire, que l'action en séparation de patrimoine doit être intentée dans les six mois de l'ouverture de la succession; et l'un des motifs d'un arrêt du 18 juin 1823, portant que la condition imposée aux créanciers du défunt, et qui limite à six mois l'exercice de leur action, paraît justifier complétement la doctrine unanime de ces auteurs. (Cour de cassation, . Sirey, 33, 1, 730.)

Dans ce conflit de décisions opposées, les créanciers ou légataires du défunt pourraient-ils, sans résister aux inspirations de la prudence la plus vulgaire, hésiter à former, dans les six mois de l'ouverture de la succession, la demande en distinction de patrimoines?

V.

M. Simon Dupont, docteur en chirurgie, domicilié , créancier de M. Pierre Touron, marchand, domicilié , d'une somme de trente mille francs exigible, avec l'intérêt de cinq pour cent l'an, le , suivant obligation sous-signature privée, consentie, le , par feu M. Augustin Touron, dont M. Touron, prédénommé, est fils et seul héritier, et déposée par celui-ci et M. Dupont au rang des minutes de Me , notaire à , le

Inscrit, à la charge de M. Touron fils,

L'hypothèque créée par l'acte privé prédaté, devenu authentique au moyen du dépôt ci-dessus relaté,

Sur le domaine dépendant de la succession de

M. Touron père, situé   , composé
L'inscrivant élit domicile

COMMENTAIRE.

La constitution d'une hypothèque nulle, en ce qu'elle n'a été établie par le débiteur, que dans un acte sous signature privée, devient valable, à l'égard de ses héritiers, lorsqu'ils reconnaissent authentiquement cette obligation, et consentent qu'elle reste déposée chez le notaire; peu importe que l'acte public ne contienne aucune clause explicite relative à l'hypothèque. (Cour de cassation,   , Sirey, 32, 1, 792.)

VI.

Pour la conservation de sa créance de six mille francs résultante de l'acte d'obligation sous seing privé à lui consenti le   , exigible sans intérêt, le

M. Lazare Barat, élève en pharmacie, domicilié   , et pour lequel domicile est élu   ,

A, en vertu de cette obligation et de l'acte portant reconnaissance et dépôt passé entre lui et le souscripteur, M. Auguste Brun, professeur d'écriture, domicilié   ,

Pris, au préjudice de celui-ci, inscription de l'hypothèque spéciale qui dérive de l'acte privé susdaté, corroborée de la reconnaissance et du dépôt en question,

Sur le jardin et l'enclos que le débiteur possède à

COMMENTAIRE.

Le dépôt d'un acte sous signature privée en l'étude d'un notaire, effectué par toutes les parties, rend authentique cet acte et efface la nullité de l'hypothèque y stipulée. (Cour de cassation, 11 juillet 1815. Sirey, 15, 1, 336.)

VII.

M. Jean-Augustin Lamon, notaire, domicilié   ,
et pour qui domicile est élu dans sa propre demeure,

Prend, en qualité de créancier de M. Thomas Tronchin décédé depuis environ un mois à   ,
où il habitait, d'une somme de soixante mille francs exigible, avec l'intérêt légal en matière civile, le.   .,

suivant billet souscrit à son ordre par ce dernier le   , dûment enregistré,

Inscription, afin de rendre complète sa sécurité touchant le remboursement de cette créance principale et accessoire, du privilége relatif à la séparation du patrimoine du défunt d'avec celui de son héritier légitime, M. Mathieu Cherbourg, sans profession, domicilié   ,

Sur le domaine composant l'hoirie du débiteur, situé   , consistant   .

COMMENTAIRE.

Cette inscription a pu être faite à l'aide d'un acte privé, d'après les articles 878 et 211, Code civil, et l'arrêt cité plus haut, page 21.

VIII.

En conformité 1° d'un acte d'adjudication tranchée en la forme administrative. des travaux à faire au palais de justice de   ., au profit de M. Jérôme Lami, architecte, le   , par suite de sa soumission, dûment acceptée ; 2° de l'acte sous seing privé du   , portant que l'adjudicataire paiera, s'il ne satisfait ponctuellement à son obligation, trente mille francs de dommages-intérêts ;

M. Jean-Victor Dudon, préfet de   , domicilié   , qui a stipulé dans ce dernier acte,

Requiert, au nom de l'État, contre M. Lami, domicilié   ,

L'inscription de l'hypothèque frappée par ce même acte, et de celle que le premier, comme doué de l'authenticité, entraîne, de droit, aux termes de la législation antérieure au Code civil,

Sur la forêt que le débiteur possède à   , occupant une étendue approximative de quatre-vingt-dix-neuf hectares,

Pour garantie de trente mille francs, chiffre précis de l'indemnité prédite, exigibles au cas où les prévisions des parties, touchant l'inexécution de l'engagement de M. Lami, viendraient à se réaliser.

Le requérant élit domicile à   , en son hôtel.

COMMENTAIRE.

L'hypothèque constituée par l'acte privé ci-dessus ténorisé est valable. L'article 2127, Code civil, d'après lequel l'hypothèque conventionnelle ne peut résulter que d'un acte notarié, ne reçoit point ici d'application. L'effet de l'affectation hypothécaire,

consignée dans un acte administratif, est réglé par
des lois spéciales.

Il existe, dans le sens de cette solution, un arrêt
de la Cour de cassation du 12 janvier 1835, infirmatif
d'une décision contraire de la Cour royale de Pau,
dont voici les principaux motifs :

« Vu l'article 14 de la loi du 28 novembre 1790,
les articles 1 et 3 de la loi du 4 mars 1793, et les
articles 2127 et 2132 du Code civil;

» Attendu que de la combinaison des lois ci-dessus
visées, il résulte que le ministère des notaires n'est
pas nécessaire pour les marchés passés avec l'administration, et que les actes administratifs contenant
les stipulations relatives auxdits marchés portent
hypothèque;

» Attendu que, dans l'espèce, il s'agit de la validité
d'une inscription prise par le préfet du département
des Basses-Pyrénées, au sujet de l'adjudication faite
au sieur Romain Lagarde pour la construction d'un
lazareth maritime à Bayonne, suivant sa soumission
acceptée par le conseil de préfecture de ce département; qu'ainsi, sous ce premier rapport, quoique
l'acte ne soit pas notarié, il est hors de doute que
l'inscription est valable;

» Attendu   .» (Jurisprudence du Notariat,
tome 9, page 184.)

IX.

M. Dominique Lamarque, sans profession, domicilié   ,

Procédant au nom et par représentation de M. Bernard Blondin, jurisconsulte, domicilié   , son débiteur d'une somme de quarante mille francs, non productive d'intérêt, selon contrat d'obligation (Mᵉ   et son collègue, notaires à   ) en date du   , créance stipulée exigible à deux ans de terme,

Inscrit, contre M. Philippe Duqueylas, élève en architecture, domicilié   ,

L'hypothèque à laquelle l'acte ci-après mentionné a donné le jour,

Sur la maison d'habitation de celui-ci, sise à   ,

Pour assurer le remboursement de seize mille francs exigibles, avec l'intérêt sur le pied de cinq du cent, le   , montant du prêt fait à ce dernier par M. Blondin, le   , devant Mᵉ   notaire à   : expédition authentique de cet acte et de celui du   , a été représentée au conservateur hypothécaire.

COMMENTAIRE.

Un créancier peut, en exerçant les droits de son

4

débiteur (1166, Code civil) prendre l'inscription que celui-ci néglige de requérir; il ne pourrait former cette inscription en son nom individuel. (Lettres des ministres de la justice et des finances des 30 brumaire et 14 nivôse an 13. Sirey, 5, 2, 200.)

X.

En exécution d'un jugement par défaut rendu au tribunal civil de   , le   , tenant pour vérifiée et avérée l'écriture de l'effet ci-dessous énoncé, dans lequel il est exprimé que le porteur pourrait, à l'aide d'un tel jugement, s'inscrire, avant l'échéance, sur les biens du souscripteur,

M. Léonard Lacour, domicilié   , et pour qui domicile est élu   ,

Forme, à la charge de M. Joseph Durand, chirurgien, domicilié   , inscription de l'hypothèque produite par le jugement précité sur les immeubles que celui-ci possédait lors de la prononciation de ce jugement, et sur ceux qu'il a actuellement ou qui lui appartiendront à l'avenir dans l'arrondissement de   ,

Pour la conservation de la créance de six mille francs exigible, sans intérêt, le   , mentionnée au billet à ordre souscrit par M. Durand, le   , et passé, par voie d'endossement, aux mains de l'inscrivant, créance au paiement de laquellé le même jugement porte condamnation.

COMMENTAIRE.

Lorsqu'il a été rendu un jugement sur une demande en reconnaissance d'obligation sous signature privée, il ne peut être pris d'inscription qu'après l'exigibilité de la dette, à moins de stipulation contraire. (Loi du 3 septembre 1807, art. 1. Sirey, 7, 2, 150.)

Or, dans l'espèce, le cas dont parle cette loi est, comme on vient de le voir, tombé sous la prévision du premier titulaire de la créance.

XI.

MM. André Dartens et Jean Tonnoins, sans profession, domiciliés   , et pour lesquels domicile est élu   ,

Agissant, chacun pour ce qui le concerne, comme ayant la disposition d'une rente perpétuelle de six cents francs annuels, exigible le   , de chaque année, selon acte du   (Mᵉ   et son collégue, notaires à   ) consenti par celui dont on va tout à l'heure décliner le nom, à M. George Dumoulin, défunt, dont ils sont héritiers institués aux termes de son testament passé le   , devant M^e   , notaire à   ,

Déclarent inscrire, au préjudice de M. Alexis Bérard, colonel d'artillerie, domicilié   ,

L'hypothèque militante en leur faveur, d'après le contrat ci-dessus rapporté,   -

Sur la prairie du débiteur, située   , enclavée dans les possessions de M.   ,

Capital de la créance que le prêteur s'est interdit d'exiger, douze mille francs dont M. Dartens a la nue-propriété, et M. Tonnoins l'usufruit viager, ci 12,000

Trois années d'arrérages, la courante comprise, dix huit cents francs, ci 1,800

TOTAL, treize mille huit cents francs, ci 13,800

COMMENTAIRE.

L'inscription que prend l'usufruitier d'une créance, en son nom personnel, sans pouvoir ni mention du propriétaire, ne conserve pas l'hypothèque de celui-ci. (Cour de cassation, 4 frimaire an 14. Sirey, 6, 2, 209.)

XII.

M. Arnaud Dubuis, ingénieur, domicilié

Titulaire d'un contrat du   (Mᵉ
et son collègue, notaires à   ) portant création en sa faveur d'une rente viagère de huit cents
francs par M. François Lacronze, professeur de
rhétorique, actuellement domicilié   , rente
exigible le 5 août, de chaque année,

A, sous l'influence de cet acte et dans la vue d'en
favoriser l'exécution, requis, tant dans son intérêt
qu'au profit de Mˡˡᵉ Sophie Brun, tailleuse en robes,
domiciliée   , sur la tête de laquelle la même
rente est réversible, l'inscription de l'hypothèque
qui a pris naissance dans l'acte constitutif de cette
rente,

Sur un pré que le débiteur possède à   ,
enclavé dans les propriétés de M.

Principal de la créance, non exigible, douze mille
francs, ci. 12,000

Trois années d'arrérages, y compris celle
qui court, deux mille quatre cents francs,
ci. 2,400

Total, quatorze mille quatre cents
francs, ci. 14,400

Le requérant fait élection de domicile dans sa

propre demeure, et cela tant pour lui que dans l'intérêt de M^{ll}e Brun.

COMMENTAIRE.

Quoique le droit de Mlle Brun soit éventuel et
subordonné au prédécès de M. Dubuis, dont elle
n'est ni héritière ni ayant cause, elle est autorisée et
obligée, comme lui, à requérir une inscription.

Ce droit lui est acquis par un acte entre-vifs irré-
vocable non sujet, suivant l'article 1973, Code civil,
aux formalités des donations.

L'hypothèque, autre que celle des mineurs, interdits et femmes mâriées, n'importe l'éventualité qui
peut se rattacher à la créance, ne prend rang que du
jour de l'inscription, aux termes des articles 2132,
2134, 2135 et 2148.

. Il est, d'après cela, simple et logique de conclure
qu'une inscription faite par M. Dubuis ne profiterait
pas à Mlle Brun , s'il n'avait stipulé pour elle, bien
qu'on y eût mentionné d'ailleurs la réversibilité de la
rente viagère sur sa tête. (Cour de Poitiers, 26 janvier
1832. Sirey, 32, 2, 210.)

XIII.

A la requête de M. Augustin Buisson, agriculteur,
domicilié   , au nom duquel domicile est élu   ;

En conséquence du contrat de partage qui a eu lieu entre lui et M. Simon Buisson, son frère aîné, élève en architecture, domicilié   , le   , devant Me .   , notaire à   , dûment enregistré, par lequel les parties procédèrent à un compte dont la balance constitua l'un des copartageans débiteur envers l'autre, pour restitution de fruits, d'une somme de quinze mille francs exigible le   , sans intérêt,

Et pour sûreté de cette créance,

Inscription du privilége qui découle de l'acte susdaté est requise, par le présent, sur l'hôtel du Soleild'Or échu à M. Buisson cadet, relicataire, par l'événement du partage en question, situé   .

COMMENTAIRE.

Les cohéritiers d'une succession ont, pour garantie du rapport de fruits à eux dus, un privilége sur la portion de biens échus à leur cohéritier qui a géré jusqu'au partage. (Cour de cassation, 11 août 1830. Sirey, 31, 1, 63.)

L'article 2109, Code civil, soumet le cohéritier à l'inscription, et lui ordonne de la prendre lui-même. L'article 2108 portant que la transcription vaut inscription ne reçoit pas ici d'application. (M. Troplong, des Hyp., t. 1, n° 290, p. 446.)

On demande cependant si un copartageant, créancier pour prix d'un des immeubles de la succession vendus par licitation, conserve son privilége par la transcription et par l'inscription prise d'office par le conservateur?

Pour répondre rationnellement, il faut distinguer si l'adjudication a été faite à l'un des cohéritiers ou à un étranger.

Dans le premier cas, il s'agit plutôt d'un partage que d'une vente, et l'inscription est dès-lors nécessaire pour conserver le privilége.

Dans le second cas, il s'agit d'une vente pure et simple, ce qui appelle et justifie l'application des principes de la vente. (MM. Grenier, t. 2, n° 401, et Troplong, loc. cit.)

Nous ajouterons que lorsqu'il est question d'un partage, le cohéritier ou copartageant a d'autant plus d'intérêt à conserver son privilége, que ces sortes d'actes sont soumis à des règles spéciales, et que, par conséquent, la résolution n'en peut être demandée faute de paiement, d'après les articles 883, 884 et 885, Code civil; les articles 1184 et 1654, même Code, sont ici inapplicables.

La jurisprudence est fixée par plusieurs arrêts dans le sens de cette opinion. On se bornera à citer celui de la Cour suprême du 27 décembre 1809. (Sirey, 30, 1, 197.)

XIV.

Bordereau de créance résultant d'un contrat de vente du   , rapporté Mᵉ   ,
notaire à   .

Au profit de M. Jude Randon, pharmacien, domicilié   .

Contre M. Charles Gruard, médecin, domilié   .

Dépendamment 1° du contrat susdaté;

2° Et de l'acte de prêt d'argent par lui consenti
le   , devant Mᵉ   et son collégue,
notaires à   .   par M. Elie Martin, demeurant   , qui a inscrit son privilége de vendeur
au bureau hypothécaire de   , le   ,
vol.   , n°   : lesquels deux actes constatent
la destination et l'emploi des deniers empruntés,

M. Randon voulant, encore que le bénéfice de
cette mesure conservatoire lui soit acquis, mettre
lui-même au grand jour ses droits pécuniaires par
un nouvel acte de publicité, sans déroger, du moins
pour le passé, au premier,

Requiert, pour sauvegarder sa créance, prix de
l'acquisition dont l'énonciation précède, dix mille
francs exigibles, sous l'intérêt légal, le   ,

L'inscription du privilége qui, d'après cet acte,
s'appesantit sur le vignoble de M. Gruard, situé   .

Le requérant fait élection de domicile dans sa demeure prédésignée.

COMMENTAIRE.

Le prêteur d'argent pour l'achat d'un immeuble profite, quoique subrogé depuis la vente, de l'inscription prise par le vendeur ou d'office par le conservateur.

Cependant, une bonne inspiration lui commande de requérir lui-même inscription, en vertu des actes établissant la destination et l'emploi des deniers. Car ne figurant pas en nom personnel sur le tableau hypothécaire, il court la chance de se voir privé des avertissemens que la loi prescrit pour la purge des priviléges, et du bénéfice de l'inscription dont s'agit, s'il arrivait que le subrogeant en donnât frauduleusement main-levée. (MM. Troplong, des Hyp., t. 1, p. 583; Toullier, t. 7, n° 168, p. 237; Grenier, t. 1, p. 92. Cour de cassation, 5 septembre 1813. Denevers, 1813, 1, 503.)

Il peut aussi faire notifier ou remettre au conservateur la quittance du créancier portant subrogation. Le conservateur en fait mention en marge de l'ancienne inscription qui, à compter de ce moment, ne pourra être radiée que du consentement du subrogé. MM. Troplong, t. 1, p. 579, n° 377; Battur, t. 2, p. 65.)

XV.

M. Jacques Ricard, libraire, domicilié   ,

Porteur 1º d'un contrat d'obligation de dix mille francs, non productifs d'intérêts, du   , au rapport de Mᵉ   , notaire à   , et dont expédition en forme exécutoire a été représentée au conservateur;

2º De l'acte sous seing privé du   , enregistré à   , le   , par lequel il a acquis cette créance,

Renouvelle, pour le maintien de la même créance de dix mille francs exigible depuis le   ,

Et contre M. Mathieu Brun, orfévre, domicilié   , souscripteur de l'obligation dont mention précède,

L'inscription de l'hypothèque édifiée dans l'acte public ci-dessus rapporté, et que M. Pierre Dumon, imprimeur, domicilié   , son cédant, titulaire originaire, prit, le   , au bureau de la conservation hypothécaire de   , vol.   , nº   , sur le pré, ceint de murs, que M. Brun possède à   .

COMMENTAIRE.

Le cessionnaire peut, en vertu d'un acte sous seing privé, renouveler, en son nom individuel, l'inscription hypothécaire de son cédant. (M. Troplong, des Hyp., t. 1, n° 364, p. 559 et 560. Cour de cassation, 11 août 1819. Sirey, 19, 1, 490.)

XVI.

Titulaire, par l'effet d'un acte irrécusable, du contrat de vente souscrit par M. Louis Lhomandie, receveur de l'enregistrement, domicilié   , à M. Elie Dupuy, son frère utérin, horloger, domicilié   , le   , devant M^e   et son collègue, notaires à   ,

M. Simon Devars, vicaire général, domicilié   , et pour qui domicile est élu   ,

Opère, au préjudice de M. Dupuy, et pour assurer le paiement de trente-cinq mille francs, prix convenu dans l'acte de vente préénoncé, exigibles, avec l'intérêt annuel de cinq pour cent, le   ,

Inscription du privilége militant, selon cet acte, en faveur de M. Lhomandie, vendeur, que le requérant représente,

Sur une prairie située   , composant l'entière succession immobilière de feue Mme Sophie Allard, mère de MM. Dupuy et Lhomandie.

COMMENTAIRE.

Lorsque la cession a précédé l'inscription, c'est au cessionnaire à requérir inscription, et il peut remplir cette formalité comme aurait pu le faire le cédant lui-même.

Il suffit qu'il forme inscription à l'aide du titre de celui-ci. La loi n'exige pas qu'il énonce la cession, quand même il inscrirait en son nom personnel. (Cour de cassation, 4 avril 1810, 7 octobre 1812 et 25 mars 1816. Sirey, 10, 1, 218; 13, 1, 111; 16, 1, 233.)

Ces arrêts sont fondés sur ce que le titre dont la mention est prescrite dans le bordereau, est l'acte qui crée la dette originaire, le privilége ou l'hypothèque.

L'inscription du cessionnaire pourrait avoir lieu en vertu d'un acte sous signature privée. (MM. Grenier, t. 1, p. 154; Delvincourt, t. 3, p. 166; Troplong, des Hyp., t. 1, 559 et 560; celui-ci s'étaie des arrêts du 4 avril 1810 et 11 août 1819.)

On suppose ici que le délai de soixante jours édicté pour l'inscription du privilége, s'agissant d'un acte qui a mis fin à l'indivision entre deux cohéritiers, était à la veille d'expirer, et que l'inscrivant ne pouvait par suite se procurer en temps légal l'expédition du contrat de transport. C'est pourquoi il n'énonce qu'imparfaitement un acte dont il savait d'ailleurs pouvoir sans inconvénient ne pas faire usage.

XVII.

M. Nicolas Brunet, receveur des contributions directes, domicilié   , et pour lequel domicile est élu   ,

Porteur d'un contrat de prêt d'argent à lui consenti le   , devant Mᶜ   , notaire à   , par M. Barthélémi Thomasson, négociant, domicilié   ,

Et s'étayant des dispositions de cet acte pour donner à son gage spécial la publicité qui en est l'ame et le complément, et maintenir ainsi dans leur intégrité quarante mille francs, importance de cette obligation, exigibles, avec l'intérêt annuel au taux légal en matière civile, le   ,

Déclare diriger, contre le débiteur,

L'inscription de l'hypothèqne émanée du contrat susdaté,

Sur la maison d'habitation de celui-ci, située à   .

Ce contrat exprime que cette maison est assurée, et que M. Brunet aura, au cas de sinistre, droit, jusqu'à concurrence de sa créance, sur l'indemnité

due à l'assuré; que ce dernier, pour compléter la
sécurité du prêteur, l'a subrogé dans ses droits éventuels résultant de l'assurance en question.

COMMENTAIRE.

Le créancier inscrit ne peut exercer un droit de
suite sur la créance due à l'assuré en cas de sinistre.
C'est le contrat d'assurance et non l'immeuble qui
produit l'indemnité. Cette indemnité ne représente
donc point l'immeuble, et conserve dès lors son
double caractère de chose mobilière et d'inaptitude
à être hypothéquée, les immeubles (2118, Code civil)
étant seuls susceptibles de cette impression : les fic-
tions sont de droit strict, et ne peuvent être établies
que par un texte bien précis. (Cour de cassation   ：
Cour de Grenoble, 27 février 1834. Sirey, 31, 1,
291; 34, 2, 367.)

Aussi, les créanciers bien conseillés stipulent-ils,
dans le contrat d'hypothèque, qu'ils seront subrogés
dans tous les droits du débiteur à la prime. Le subrogé
doit (1690) faire signifier son transport à la com-
pagnie d'assurance.

XVIII.

M. Alexandre Moxion, général de division, domicilié

Possesseur d'un contrat d'emprunt de dix mille francs dont l'exigibilité doit s'ouvrir le   , et qui sont, du conseutement unanime des parties, destinés à porter intérêt à raison de cinq pour cent l'an, à lui souscrit le   , en présence de M° notaire à la résidence de   , par M. Pierre Duverneuil, prêtre, domicilié   ,

Et usant du moyen rationnel et de prévoyance le plus propre à maintenir sa créance intacte et à l'abri de toutes chances fâcheuses,

Inscrit et provoque à se manifester l'hypothèque native de l'acte préinvoqué,

Sur le vignoble, ceint de fossés, appartenant au débiteur, situé   ;

Mais, attendu que cet immeuble appartient pour un tiers à M. Auguste-Élie Bardet, demeurant   , et qu'il importe dès lors à M. Moxion d'obvier, s'il est possible, à l'inconvénient qui, sans cela, ponrrait résulter pour lui de cet état d'indivision, la présente mesure conservatoire a pour objet direct et dominant de réaliser la préférence sur le prix quand bien même le premier deviendrait propriétaire exclusif, et cette préférence est entrée dans les prévisions des contractans, puisque l'acte constitutif d'hypothèque, dûment signifié à celui-ci (1690, Gode civil) contient formellement la cession ou délégation exigée en pareil cas.

L'inscrivant fait élection de domicile en sa demeure préindiquée.

COMMENTAIRE.

La réalisation du droit de suite sur le gage de M. Moxion est subordonné à ce que le domaine dont s'agit ne passera pas privativement aux mains de M. Bardet. (883, 1476 et 1872, Code civil.)

M. Moxion, s'il est bien conseillé, s'opposera à ce que cet immeuble soit partagé ou licité hors de sa présence; car ses droits, incomplétement protégés par la notification de son transport, pourraient être froissés par l'événement de cette opération, qu'on doit, à défaut d'opposition préalable, considérer comme inattaquable, fût-elle évidemment frauduleuse. (882 et 1167, *id.*)

Si M. Bardet se rend acquéreur de la part collective de M. Duverneuil dans l'immeuble en question, le privilége du vendeur dégénérera, s'il n'est inscrit dans les soixante jours, en hypothèque, laquelle ne prendra rang qu'à partir de la date de l'inscription. (2113, *id.*)

XIX.

Bordereau de créance privilégiée
M. François Nadal, élève en horlogerie, domici-

5

lié   , et pour lequel élection de domicile a
lieu à   ,

Ayant à sa disposition un contrat de vente notarié
M   et son collégue, sous la date du   ,

Forme, au préjudice de M. Simon Dumoy, maître
de pension, son acquéreur, domicilié   ,

L'inscription du privilége existant sur la maison
vendue, actuellement habitée par ce dernier,
située   ,

Cette opération conservatoire tend à assurer le
paiement de vingt-cinq mille francs, prix convenu avec l'intérêt annuel de cinq du cent, dans le
cas éventuel où une lettre de change de pareille
somme, à six mois de terme, tirée de   , le   ,
sur M.   , banquier à   , et acceptée
par l'inscrivant, sous la réserve expresse de son
hypothèque privilégiée, ne serait pas acquittée à
l'échéance.

COMMENTAIRE.

Le créancier qui accepte des effets de commerce
en paiement est censé se référer à son titre et l'exécuter, au lieu d'opérer novation. (1271, n° 1, Code
civil; Cour de cassation, 15 juin 1825. Sirey, 26, 1,
63.)

On peut considérer l'obligation comme devant
subsister jusqu'à l'acquittement des billets. (1271 et

1275, *id.*; Cour de cassation, 28 juillet 1823. Sirey, 23, 1, 414.)

Cependant, lorsqu'une créance en billets à ordre souscrits par le débiteur est substituée à une première créance dérivant d'un arrêté de compte, avec remise et quittance du titre originaire, cette opération peut offrir aux yeux des juges les caractères de la novation. (Cour de cassation, 16 janvier 1828, Sirey, 28, 1, 294.)

Un vendeur serait d'autant plus mal inspiré de recevoir de son acquéreur des billets sans aucune réserve, qu'on a osé soumettre aux tribunaux la question de savoir si l'acceptation d'effets de commerce, emporte novation, bien que la quittance exprime qu'au cas de non-acquittement des billets à leur échéance, le créancier rentrerait dans la plénitude de ses droits. (Cour de cassation, 16 août 1820. Sirey, 21, 1, 103.)

XX.

M. Louis-Bernard Lacroix, receveur général des finances, domicilié   , et pour lequel domicile est élu   ,

Créancier fondé en titre authentique et exécutoire, causé pour prêt en numéraire, sous la date du   ,

au rapport de M^e   , notaire à   , et dont
expédition sera représentée au conservateur,

Inscrit, à l'encontre de M. Jacques Dumoulin,
directeur de l'enregistrement et des domaines, souscripteur de cette obligation,

Et pour s'assurer du remboursement de quatorze
mille francs de capital auxquels elle s'applique, produisant l'intérêt de cinq du cent,

L'hypothèque qu'il a obtenue par le titre même
de sa créance,

Sur la prairie appartenant au débiteur, située   .

Cette créance n'est exigible que dans trois ans à
compter du jour de l'acte qui la constitue; mais
comme l'emprunteur a, depuis environ trois mois,
vendu une partie notable de l'immeuble hypothéqué
et diminué ainsi d'une manière sensible les sûretés
stipulées pour l'exécution de ses engagemens,
M. Bernard se propose de le faire, par ce motif,
déclarer en justice déchu du bénéfice du terme qu'il
lui avait accordé.

COMMENTAIRE.

Le débiteur ne peut plus réclamer le bénéfice du
terme lorsque, par son fait, il y a diminution du gage
spécial par lui donné au créancier. L'article 1188,
Code civil, est là-dessus énixe et impératif.

La vente partielle expose le créancier à la chance

de se voir forcé par le nouveau propriétaire qui veut purger à scinder son paiement, contre le vœu bien prononcé de l'article 1244, même Code : il suffit donc qu'une partie quelconque de l'immeuble soit aliénée, et que la purge puisse s'ensuivre, pour que le débiteur ait encouru la déchéance du terme. (Cour de cassation, 9 janvier 1810 et 9 mai 1812. Sirey, 10, 1, 139; 12, 1, 321.)

XXI.

M. Christophe Rabier, professeur émérite, domicilié   , créancier, selon contrat de prêt du   , (Me   et son collégue, notaires à   ) de M. Philippe Coulomb décédé depuis un mois à   , où il habitait, de quinze mille francs exigibles le   ., sous l'intérêt légal en matière de commerce,

Requiert, au préjudice de M. Victor Beaurecueil, agent de change, domicilié   , pris en qualité de légataire universel de M. Coulomb, aux termes du testament de celui-ci, sous la date du   , retenu Me   notaire à   ,

L'inscription de l'hypothèque par lui acquise, comme il se voit de l'acte obligatoire précité,

Sur le domaine dit Larolphie, dépendant de la

succession de M. Coulomb ; il est sis à   ,
. et consiste   .

M. Coulomb a laissé pour plus proches parens
deux frères germains et un aïeul paternel.

Le requérant élit domicile   .

COMMENTAIRE.

Le légataire particulier n'est pas tenu des dettes
de la succession, sauf l'action hypothécaire des créanciers. (871 et 1024, Code civil.)

C'est donc contre l'héritier universel institué que
M. Rabier a dû s'inscrire. (Argument d'un arrêt de
la Cour suprême du 27 mai 1816. (Sirey, 16, 1,
263.

Développons la proposition que le légataire particulier n'est passible des charges de la succession que
sous le rapport de l'action hypothécaire.

Lorsqu'au décès du testateur, la chose léguée se
trouve hypothéquée ou grevée d'usufruit, celui qui
doit acquitter le legs n'est pas obligé de la dégager
(1020, *Id.*) si le testateur ne le lui a ordonné.

C'est la conséquence du principe que l'immeuble
doit être délivré dans l'état où il se trouve à l'ouverture de la succession. (1018, *Id.*)

Faut-il conclure de ces dispositions que si le légataire particulier paie soit comme contraint, soit vo-
lontairement, il sera dénué de tout recours?

Point du tout. Il sera subrogé aux droits du créancier contre les héritiers, (611 et 674, *Id.*)

S'il s'agit d'une dette exigible, il y en aura répétition à l'échéance ; s'il avait remboursé une rente perpétuelle, les héritiers ou successeurs à titre universel seront tenus de lui en continuer le service jusqu'au remboursement du capital.

L'antagonisme que M. Malleville a cru trouver entre les articles 874 et 1020 n'existe pas; aussi a-t-il été victorieusement réfuté par M. Merlin, dans le nouveau Répert., V° Légataire, p. 737.

Telle est au surplus, sur tout ce qui précède, l'opinion de M. Toullier, Droit Civil Français, t. V, des Donations et des Testamens, p. 507, 508 et 509.

L'inscription dont s'agit n'a non plus pu ni dû être formée contre l'aïeul de M. Coulomb, la loi n'ayant point interdit à celui-ci d'épuiser par des dispositions à titre gratuit sa fortune au détriment du premier. Il est facile de le démontrer.

Les ascendans n'ont droit à la réserve que dans l'ordre où la loi les appelle à succéder. (915, *Id.*)

Or, lorsqu'un ascendant à un degré supérieur, l'aïeul, par exemple, et un frère du défunt, sont en présence, le premier est effacé de l'ordre successif. (750, *Id.*)

Il n'a donc rien à recueillir : aucun esprit raisonnable ne saurait se dérober à la conséquence.

XXII.

Devenu créancier de M. Sicaire Dupuy, peintre ornemaniste, domicilié   ; par l'effet du prêt de six mille francs exigibles, avec l'intérêt au taux légal en matière commerciale, suivant contrat du
(M^e   et son collègue, notaires à   ) souscrit par le fondé d'une procuration *ad hoc* sous seing privé de l'emprunteur, portant la date du   ,

M. Léon Romain, sculpteur, domicilié   ,

Pour prévenir la chance d'éviction qui pourrait peser sur lui relativement à sa créance, par suite d'inexercice d'actes conservatoires,

Déclare frapper l'inscription de l'hypothèque qui, d'après l'acte public préanalysé, milite en sa faveur, et la diriger sur un pré spécialement destiné à en porter le poids, appartenant au débiteur, situé   ; il borde, d'orient, le chemin vicinal conduisant de cet endroit au chef-lieu de la commune de   , et d'occident, la rivière de   .

L'inscrivant fait élection de domicile   .

COMMENTAIRE.

L'hypothèque mentionnée dans la précédente formule est valable, bien que consentie en vertu d'une procuration inauthentique. Le mandat de conférer hypothèque et l'acte qui la constitue sont deux choses distinctes. (Cour de cassation, 27 mai 1819 et 5 juillet 1827. Sirey, 19, 1, 324; 28, 1, 105.)

XXIII.

M. André-Isaac Durand, négociant, domicilié   ,

Possesseur d'un acte passé le   , devant Me   , notaire à   , par lequel il a ouvert à M. Bernard Lanchère,   , domicilié   , un crédit, et s'est obligé de payer à tout titulaire de lettres de change ou billets à ordre de celui-ci, jusqu'à concurrence de vingt-cinq mille francs,

Requiert, pour la consolidation de cette créance, exigible six mois après que le crédité sera devenu débiteur par l'usage du crédit, et ce, à partir de chaque paiement effectué par le créditeur, sous l'intérêt au taux du commerce,

L'inscription de l'hypothèque dont l'acte notarié plus haut rapporté l'autorise à réclamer le bénéfice,

Sur la maison et le jardin y contigu de M. Lanchère, situés   .

Il élit domicile   .

COMMENTAIRE.

L'acte renfermant l'ouverture d'un crédit de la

part d'une personne en faveur d'une autre est valable et comporte la stipulation d'une hypothèque, bien que l'emprunt soit éventuel. (Cour de Rouen, 24 avril 1812 ; Cour de Liége, 28 juin 1823 ; Cour de cassation, 28 janvier 1814. Sirey, 13, 2, 370 ; 23, 2, 348 ; 14, 1, 41.)

XXIV.

Porteur d'un contrat souscrit devant Mᵉ   , notaire, résidant à   , sous la date du   , par lequel il acheta de M. Bertrand-Alexis Moulin, receveur particulier des finances, domicilié   , sa maison située   , au prix de cinquante mille francs qu'il a payés à ceux des créanciers du vendeur qui se sont trouvés en ordre de recevoir, en sorte que sa nouvelle propriété est actuellement libre de tout privilége, de toute hypothèque,

M. Jean-Pierre Martel, directeur des contributions indirectes, domicilié   , et pour lequel domicile est élu   ,

Forme, pour l'affermissement de sa créance ci-dessus énoncée de cinquante mille francs, exigible dans le cas où il serait troublé ou évincé par une action en revendication,

L'inscription de l'hypothèque qui, aux termes de

l'acte dont la substance précède, pèse sur la forêt
appartenant à M. Moulin, située   .

COMMENTAIRE.

Lorsque le vendeur contracte indéfiniment une
obligation de garantie, avec affectation d'hypothèque
spéciale, l'acquéreur peut se prévaloir de la convention d'hypothèque, même encore qu'ayant purgé,
il n'y ait plus aucune chance d'éviction du chef des
créanciers de son vendeur. (Cour de cassation, 15
avril 1806. Sirey, 6, 2, 771.)

XXV.

M. Louis Lambert, professeur de mathématiques,
domicilié   ,

Titulaire d'une obligation au porteur, causée pour
prêt de seize mille francs, sans intérêt, exigibles
le   , comme il paraît de l'acte du   , au rapport de Mᵃ   , notaire à la résidence de   ,

Afin de consolider sa créance et de se confirmer
que l'hypothèque dont cet acte l'a investi aura le pas
sur celles qui pourraient émaner du débiteur, M. Elie
Rey, avocat, domicilié   ,

Requiert inscription de cette même hypothèque
sur la prairie qu'elle frappe, appartenant à celui-ci,
située   ,

Il fait élection de domicile dans sa demeure sus désignée.

COMMENTAIRE.

C'est une question de savoir si une obligation au porteur, sans autre indication du créancier, peut attribuer hypothèque. (2117, 2124 et 2127, Code civil.)

En tous cas, l'inscription requise par le notaire en vertu d'une telle obligation, dans l'intérêt du porteur, sans autre désignation de ses nom, domicile et profession, est irrégulière et nulle. (2148, *idem;* Cour de Poitiers, 15 décembre 1829. Sirey, 30, 2, 92.)

XXVI.

Créancier de M. Simon Lamy, géomètre, domicilié   , d'une somme de treize mille francs, exigible le   , sans intérêt, aux termes du contrat de prêt, au rapport de M^e , notaire à   , sous la date du   ,   .

M. Jacques-Remi Salomon, armateur, domicilié   ,   .

Pour que l'hypothèque que son propre titre rattache à la créance conserve toute son énergie, et que nulle autre du chef de M Lamy, non encore rendue publique, puisse rivaliser avec elle, en requiert l'inscription et la fixe, suivant sa destinaton contractuelle,

Sur une prairie appartenant, à titre emphytéotique, au débiteur, située

L'inscrivant élit domicile

COMMENTAIRE.

L'emphythéose constitue, aujourd'hui, comme autrefois, un droit immobilier passible d'hypothèque. (Cour de cassation, Sirey, 32, 1, 531.)

XXVII.

Porteur d'un contrat de prêt de quarante mille francs, non productifs d'intérêt, exigibles le ,
souscrit en sa faveur par M. Raimond Faye, avoué, domicilié devant M^e , notaire à ,
le ,

M. Charles Duras, sans profession, domicilié ,
et pour qui domicile est élu ,

Pour cimenter le gage spécial de sa créance, lequel n'offrirait qu'une garantie illusoire sans le concours de la publicité, l'une des bases essentielles du système hypothécaire,

Renouvelle l'inscription du droit réel que l'acte

analysé ci-dessus a, pour l'exécution de l'obligation qu'il renferme, affecté sur la maison à lui appartenant comme l'ayant acquise du débiteur le
(M^e   , notaire à   ) située   ; laquelle inscription fut prise sur ce même immeuble le   , au bureau de cette conservation, vol.   , n°

COMMENTAIRE.

Le créancier qui acquiert l'immeuble affecté à sa créance est tenu de renouveler son inscription; s'il ne satisfait à cette obligation, les créanciers inscrits de son vendeur ont droit au prix de son acquisition, encore que, dans l'origine, son inscription eût le premier rang. (Cour de Caen, 3o janvier 1826; Cour de cassation, 5 février 1828. Sirey, 26, 2, 313; 28, 1, 142.)

Peu importerait aussi qu'il eût été stipulé, dans l'acte de vente, que la créance de l'acquéreur se compenserait avec le prix convenu : une telle stipulation serait nulle à l'égard des créanciers inscrits même après celui-ci, et laisserait subsister son obligation de renouveler (1289, 2154 et 2183, Cod. civ.; Cour de Bourges, 28 mai 1827, Cour de cassation, 1er mai 1828. Sirey, 28, 1, 3o1; 29, 2, 193.)

Quoique l'immeuble hypothéqué ait été vendu, c'est sur le débiteur originaire, et non sur l'acquéreur, que le créancier doit renouveler son inscription, pourvu toutefois que la propriété n'ait pas été purgée. (Cour de cassation, 27 mai 1816. Sirey, 16, 1, 263.)

XXVIII.

Créancier de M. Auguste Albin, marchand, domicilié   , selon contrat d'obligation du   , au rapport de M^e   , notaire à   , d'une somme de neuf mille francs, sans intérêt, exigible le   ,

M. Louis Romain, officier de santé, domicilié   ,

Inscrit, pour le bien de sa créance, à la charge de M. Albin, l'hypothèque qui, d'après l'acte susdaté, repose sur la maison de celui-ci, située   .

Cette inscription est opérée en renouvellement de celle qui eut lieu au bureau de la conservation de   , le   , vol.   , n°   .

M. Romain élit domicile dans sa demeure préindiquée.

M. Albin est en état de faillite.

COMMENTAIRE.

La faillite du débiteur ne dispense pas les créanciers de la rénovation décennale de leurs inscriptions hypothécaires. (2146 et 2154, Cod. civ.; Cour de cassation, 17 juin 1817 et 15 décembre 1829. Sirey, 17, 1, 287; 30, 1, 62.)

XXIX.

Conséquemment à un acte du   (M^e   , notaire à   ) portant obligation d'une somme de trois mille francs exigible le   , sans intérêt, par M. Jean Laumede, défunt, représenté par M. Augustin Laumede, payeur du trésor, domicilié   , son fils et unique héritier sous bénéfice d'inventaire,

M. George Delombre, entrepeneur de diligences, domicilié   , titulaire immédiat de cette obligation,

Dans la vue que l'hypothèque constituée par l'acte dont on vient de donner la substance conserve sa force, son importance et sa priorité sur tous autres gages immobiliers conférés par le débiteur,

Déclare inscrire cette même hypothèque, l'étendre au château sur lequel elle est destinée à s'appesantir, et opérer la présente inscription en rénovation de celle formée par lui-même le   , au bureau de cette conservation, vol.   , n°   . Ce château appartient à M. Laumède fils, est situé   , et fait partie intrinsèque de la succession bénéficiaire.

L'inscrivant fait élection de domicile dans sa propre demeure.

COMMENTAIRE.

Une inscription n'est pas affranchie du renouvellement, par cela seul que la succession du débiteur n'a été acceptée que sous bénéfice d'inventaire. Elle ne peut, en un tel cas, être réputée avoir produit son effet légal. (Cour de cassation, 17 juin 1817. Sirey, 17, 1, 287.)

XXX.

M. Guillaume Laumenie emprunta, de M. Simon Robin, cinquante mille francs productifs d'intérêt au taux du commerce, selon contrat du   , au rapport de Me   , notaire à   .

Il donna pour gage spécial de cette obligation, sa part collective (une moitié) de la prairie dite Valentine, de l'étendue superficielle de quatre-vingts hectares, située   , et lui appartenant actuellement en totalité.

Pour l'utilité de sa créance, exigible le   ,

6

et le maintien dans son intégrité de l'hypothèque qui en dépend, aux termes précis du contrat préréféré,

M. Robin, sans profession, domicilié   , et au nom duquel domicile est élu dans sa propre demeure,

A requis, contre M. Laumenie, domicilié   ,

L'inscription de cette hypothèque sur la moitié de la prairie dont on vient de parler.

COMMENTAIRE.

L'hypothèque conférée par l'un des copropriétaires sur la moitié à lui afférente, ne reçoit pas d'extension à l'autre moitié, encore que par l'événement d'une licitation le débiteur devienne propriétaire exclusif de l'immeuble indivis. (Cour de cassation, 6 décembre 1826. Sirey, 7, 1, 171.)

XXXI.

Donataire entre-vifs de M. Simon Huet, son frère aîné, propriétaire-agriculteur, domicilié   , suivant contrat passé devant Me   , notaire à   , le   , d'une rente viagère de six cents francs annuels représentant, au denier dix, un capital de douze

mille francs, créance protégée par le gage immobilier dont on va parler tout à l'heure,

M. Pierre-Elie Huet, directeur de la poste aux
lettres, domicilié   ,

Pour s'assurer que s'il est, plus tard, fait à l'hypothèque qui règne en sa faveur dans cet acte, appel
de se présenter, elle pourra après avoir suivi l'objet
affecté, en quelques mains qu'il soit parvenu, se
convertir en action sur le prix de la vente, soit volontaire, soit forcée,

Requiert l'inscription de cette même hypothèque
sur une terre à céréales qui lui est spécialement soumise par l'acte précité dont elle est l'auxiliaire : elle
appartient au débiteur, et est située   .

Cette inscription a pour objet de réitérer celle
prise par le créancier au présent bureau le   ,
et de l'habiliter ainsi à parcourir utilement une autre
période décennale.

Principal de la créance, frappé d'inexigibilité,
douze mille francs, ci 12,000

Trois ans d'arrérages, celui qui court
inclus, dix-huit cents francs, ci 1,800

Ensemble, treize mille huit cents francs,
ci 13,800

M. Marquet, receveur de l'enregistrement et des
domaines, domicilié   , a, par acte reçu Me   ,
notaire, résidant en la ville de   , contracté,

envers M. Huet, l'obligation de le loger, nourrir et
entretenir, pendant sa vie, tant en santé que maladie; et, de son côté, celui-ci lui a, en retour, transporté sa rente par voie de délégation, mais sous la
réserve, en tant que de besoin, de l'exercice de tous
actes conservatoires, et avec stipulation que cet acte,
contenant leurs engagemens respectifs, sera résolu
de plein droit, si M. Marquet manque de l'exécuter;
et c'est à l'aide de cette dernière disposition, corroborée du titre gratuit ci-dessus rapporté, que le
requérant s'est déterminé à formuler en son nom
personnel la présente mesure conservatoire.

L'inscrivant élit domicile

COMMENTAIRE.

M. Marquet ne possédait point d'immeubles lorsque M. Huet traita avec lui; il n'offrit même pas
d'hypothéquer ceux qui lui adviendraient par la
suite. Ce n'est donc pas aveuglément et sans de justes
raisons qu'on a, dans l'espèce, stipulé la clause réso-
lutoire.

L'inscription qui nous occupe doit être pour
M. Huet un puissant motif de sécurité. N'est-il pas,
en effet, évident qu'on ne peut, sans le mettre, au
moyen des avertissemens que la loi exige, à portée de
veiller lui-même à ses intérêts, purger l'hypothèque attachée à la créance transmise irrévocablement
à M. Marquet, en échange d'un autre qui, quoique

authentique n'offre pas, à beaucoup près, la même garantie. N'est-il pas, enfin, de toute certitude que s'il est, plus tard, évincé de celle-ci, il pourra récupérer la première ?

XXXII.

M. Louis Reymondie, officier en retraite, domicilié   , et pour qui est élu domicile,

Porteur d'un jugement rendu entre lui et M. Augustin Laval, notaire, domicilié   , au tribunal civil de   , le   , jugement qui, en attendant la décision sur le fond, inhibe aux parties qui se prétendent créancières l'une de l'autre, d'aliéner leurs biens, afin que celles d'entre elles qui, ultérieurement, obtiendra gain de cause, puisse utilement exercer ses droits ;

Et dans le but de solidifier sa créance et de stabiliser l'hypothèque qu'entraîne ce jugement, pour le bien de la première,

Requiert inscription de cette même hypothèque,

Sur les immeubles que le débiteur a ou possédera dans l'arrondissement de   .

Principal, montant des condamnations pécuniaires qui, sur sa demande en reddition de compte de

gestion que lui doit M. Laval, son ci-devant agent
d'affaires, seront prononcées en sa faveur par la sentence définitive à intervenir, et dont on fixe provisoirement le chiffre à soixante mille francs exigibles,
soit à la date de cette sentence, soit à l'époque qu'elle
indiquera elle-même, conformément à l'article 122
du Code de procédure civile, ci. 60,000

Dépens actifs et passifs portés par
approximation à quatre cents francs, ci.   400

Intérêt de trois années, celui de la courante compris, neuf mille fr. *Mémoire.*   »

Somme totale, soixante mille quatre
cents francs, ci. 60,4000

COMMENTAIRE.

L'hypothèque résulte de tout jugement qui impose
une obligation quelconque, par exemple, celle de ne
pas faire, et alors même qu'il ne prononcerait aucune
condamnation.

Ainsi, lorsque le tribunal appelé à dire droit à des
parties qui se prétendent créancières l'une de l'autre, leur défend, en attendant une décision définitive
sur le fond, d'aliéner les immeubles, afin que celles
d'entre elles qui obtiendra gain de cause puisse effi-
cacement exercer ses droits, produit, contre la partie
qui succombera, une hypothèque susceptible d'être
inscrite immédiatement. (Code civil, 2114, 2123 et

2132, Cour de cassation, 4 juin 1828. Sirey, 28, 1, 347.)

———◦◦◦———

XXXII.

Mme Alexandrine Desmartin, sans profession, domiciliée avec M. Amable Taillefer, son mari, contrôleur des contributions directes, à   ,

Inscrit, contre celui-ci,

Son hypothèque légale sur les immeubles qu'il a ou aura, comme sur ceux qu'il possédait lors de leur mariage, arrondissement de   , spécialement sur un pré situé   , par lui vendu, il y a environ vingt-un ans, à M. Arnaud Latour, fabricant de cartes, domicilié   , moyennant seize mille francs.

Cette inscription, qui a pour type le contrat anténuptial des conjoins Taillefer (M^e   , notaire à   ) stipulant le régime dotal, avec constitution, sous ce régime, des biens présens et à venir de Mme Desmartin, tend à assurer le remboursement de cent mille francs, objet de cette constitution, et dont cet acte constate la réception par M. Taillefer. Il porte la date du   .

L'inscrivante élit domicile   .

COMMENTAIRE.

L'inscription formée pour sûreté d'une dot a un effet rétroactif au jour de l'acte notarié, régulateur des conditions civiles de l'association conjugale. L'article 2194, Code civil, le dit explicitement.

Cette inscription atteint même le bien que le débiteur a vendu depuis le mariage, l'aliénation remontât-elle à plus de trente ans, l'application des articles 1304, 2262, 2265 et 2180, sur la prescription, étant ici exclue par les articles 1561 et 2256 de ce Code.

XXXIV.

Mme Thérèse Pichon, sans profession,

Sous la foi de son contrat de mariage retenu Me   , notaire à   , en date du   , renfermant soumission au régime dotal, et pour garantie de deux cent mille francs dotaux reçus, suivant cet acte, par M. Jean-Simon Dufaure, son époux, avocat, avec lequel elle est domiciliée à   , acte dont elle invoque les dispositions au chef qui autorise l'opération qui la préoccupe, et la rend apte à y procéder,

Forme, à la charge de celui-ci,

L'inscription de son hypothèque légale sur les

immeubles qu'il a ou aura dans l'arrondissement de   , encore bien qu'elle ait, dans ce même acte, voulu ramener cette hypothèque à la spécialité, en consentant, avant d'avoir atteint sa majorité, qu'il ne serait pris inscription que limitativement sur la maison d'habitation du débiteur, sise   .

COMMENTAIRE.

La femme mineure ne peut, par contrat de mariage, et même avec l'autorisation des personnes dont le consentement lui est nécessaire pour se marier, restreindre son hypothèque légale à certains biens du mari. (1095, 1309, 1398 et 2140, Code civil; Cour de cassation, 19 juillet 1820. Sirey, 20, 1; 356.)

XXXV.

Au requis de dame Thérèse Laplante, sans profession;

Sur la représentation du contrat de mariage passé entre elle et M. Joachin Durandeau avec lequel elle est domiciliée   , le   , devant   , avec adoption des principes du régime dotal, pour base de leur association conjugale, et constitution à la requérante, par les conjoins M. Arnaud Laplante et Mme Céleste Placide, ses père et mère, de cent vingt mille francs payés comptant au futur,

Et pour entourer cette créance de certitude, de moyens ou élémens de sécurité dont doit être préoccupé tout créancier ayant la conscience de ses droits et l'instinct de leur conservation,

Inscription de l'hypothèque tacite dérivée de l'acte déjà cité, combiné avec l'article 2121, Code civil, est ci-requise contre M. Durandeau, et appliquée tant aux immeubles qu'il possédait lors de la signature de cet acte, qu'à ceux qu'il a ou aura à l'avenir dans l'arrondissement de   .

L'inscrivant élit domicile

COMMENTAIRE.

L'article 2194, Code civil, a autorisé à reporter l'effet de l'inscription dont s'agit au jour de l'acte anté-nuptial sur lequel elle repose : l'article 2135 qui, en pareil cas, assigne pour point initial l'époque de la célébration de l'union conjugale, n'est applicable que lorsque les époux n'ont pas passé de contrat de mariage.

XXXVI.

En conséquence, 1° de son contrat de mariage (M^e   et son collègue, notaires à   ) par lequel Mme Jeanne-Elisabeth Berger, sa mère, l'a dotée de vingt-trois mille francs acquittés sur le champ au futur; 2° de l'acte passé devant ces derniers entre elle et M. Elie Meynard, son mari, négociant, avec qui elle est domiciliée   , le   ,

Et pour donner une sécurité convenable à sa prédite créance exigible à la dissolution du mariage ou de la communauté réduite aux acquêts subsistans entre les époux,

Mme Adèle Dupin, sans profession,

Déclare requérir l'inscription de l'hypothèque issue de l'acte préindiqué du   , sur le domaine connu sous le nom de   , advenu depuis cette dernière époque au débiteur, situé   , et se composant

Cette inscription est destinée à se combiner ou coordonner avec celle prise dans l'intérêt de la requérante, au bureau de la présente conservation, le   , vol.   , n°   , à la confirmer et corroborer : l'hypothèque spéciale ne peut, ni ne doit ici déroger à la générale; le but de Mme Meynard étant de n'abdiquer le bénéfice de celle-ci, qu'autant qu'il lui suffirait de réaliser l'effet de la première, pour se couvrir de ses droits.

La requérante élit domicile

COMMENTAIRE.

La femme dont le mari est marchand lors de la

célébration du mariage, n'a hypothèque que sur les immeubles à lui appartenant à cette époque. C'est la disposition précise de l'article 551, Code commerce.

Mais la loi ne s'oppose pas à ce que, à défaut d'hypothèque tacite sur des biens arrivés plus tard au mari, les droits de la femme soient protégés par l'hypothèque conventionnelle.

Les actes d'aliénation, dans la classe desquels rentre l'affectation hypothécaire, ne sont pas absolument interdits entre époux.

Ces actes sont en effet valables, s'ils ont une juste cause, encore qu'ils aient été souscrits hors des cas spécifiés par l'article 1595, § 2, Code précité, une telle disposition étant démonstrative et non limitative. (Cour de cassation, 25 août 1825. Sirey, 26, 1, 379.)

XXXVII.

M. Jean Brechaud, mineur, élève en sculpture, domicilié   ,

Requiert, à la charge de Mme veuve de M. Jérôme Brechaud, née Marie-Christine Baraton, et de M. Philippe Latour, marchand, avec lequel elle s'est remariée sans convocation préalable du conseil de famille pour faire décider si la tutelle de son fils devait lui être conservée,

Ét pour donner toute sécurité à son hypothèque de droit, garantie sur laquelle reposent principalement, tant les créances qu'il a ou pourra avoir sur les époux Latour, ses beau-père et mère, avec lesquels il est domicilié   , à raison de la gestion de ces derniers, que de vingt-cinq mille francs que lui devait celle-ci lors de l'ouverture de cette tutelle,

L'inscription de sadite hypothèque sur les immeubles que les débiteurs possèdent ou pourront avoir désormais dans l'arrondissement de   .

Le requérant élit domicile   .

COMMENTAIRE.

La mère tutrice qui se remarie sans convocation préalable du conseil de famille, cesse d'avoir la tutelle; une tutelle de fait est subslituée à la tutelle de droit, et le mineur conserve l'hypothèque légale sur les biens de la mère. (395, Cod. civ.; Cour de cassation, 15 décembre 1825; Sirey, 26, 1, 298.)

En conséquence, quoique la mère tutrice qui convole sans avoir fait nommer un tuteur à son enfant mineur, soit déchue de la tutelle de plein droit, et que, dès lors, le mari ne devienne pas cotuteur, cependant si celui-ci gère de fait la tutelle, il est soumis à l'hypothèque légale du mineur. (Cour de

Paris, 28 décembre 1822. Sirey, 24, 2, 230; Cour de
Poitiers, 28 décembre 1824· *Id.*, 25, 2, 51.)

Cette hypothèque existe même pour la gestion
qui précéda le second mariage. (Cour de
Sirey, 34, 2, 231),

Et le mineur peut l'exercer pour les sommes que
la tutrice lui devait avant l'ouverture de la tutelle.
(Cour de cassation, 12 mars 1811. Sirey, 11, 1,
227.)

XXXVIII.

Possesseur d'un contrat d'obligation de quarante
mille francs exigibles sans intérêt le   , montant réuni des sommes reçues, en sa qualité d'administrateur légal, par M. Jean Grand, son père,
au rapport de Me   , notaire   et portant
la date du   ,

M. Simon Grand, mineur, élève en médecine,
domicilié avec le débiteur à   ;

Pour conserver intacte la double prérogative de
son hypothèque originaire de l'acte susdaté, dans
lequel sa créance a elle-même pris naissance, de
suivre et saisir en quelques mains qu'il passe, l'objet
grevé, et de se réaliser sur le prix,

Requiert, contre M. son père, l'inscription de cette

même hypothèque, et l'adapte aux immeubles de celui-ci sur lesquels elle doit, selon le vœu des parties, s'asseoir et se superposer, situés   , et consistant   .

Il fait élection de domicile

COMMENTAIRE.

L'enfant mineur n'a pas d'hypothèque légale sur les biens de son père, pour garantie des droits personnels que ce dernier a géré pendant le mariage ; le père administrateur ne pouvant être assimilé au tuteur. (Cour de cassation, 3 décembre 1821 ; Cour de Riom, 23 mai 1822 ; Cour de Lyon, 3 juillet 1827. Sirey, 21, 1, 180 ; 25, 2, 152 ; 30, 2, 101.)

XXXIX·

Mme veuve de M. Auguste Brachet, née Sophie Duroy, mineur, sans profession, domiciliée   ,

Créancier de M. Benjamin Duroy, son père, négociant, domicilié   , d'un somme de soixante mille francs exigible, sous l'intérêt légal en matière civile, le   , ainsi qu'il résulte du contrat d'obligation que lui souscrivit celui-ci, le   , devant M^e   , notaire   ,   .

Et voulant faire marcher droit et forcément à

leurs conséquences sa créance et l'hypothèque qui s'y rallie, aux termes de l'acte dont mention précède,

A requis l'inscription de cette hypothèque sur un pré qui lui est spécialement soumis et consacré à en recevoir l'impression ; il appartient au débiteur, et est situé   .

La requérante fait élection de domicile   .

COMMENTAIRE.

L'hypothèque légale du mineur, sur les biens de son tuteur, n'a point limité le cas où le mineur, émancipé par le mariage, devient veuf avant sa majorité ; cette émancipation conserve son effet. Il ne peut donc y avoir tutelle et hypothèque légale. (Cour de cassation, 21 février 1821. Sirey, 21, 1, 188.)

XL.

A l'aide du contrat de vente sur licitation passé en présence de M^e   , notaire   , dûment enregistré, moyennant quinze mille francs exigible sans intérêt, le   , prix convenu entre lui et M. Laumenis, son colicitant,

M. Pierre Roche,   domicilié,

Pour assurer sa créance contre les chances de non

paiement au terme stipulé, et maintenir aussi dans un état parfait de conservation le privilége qui en est l'appui, et dont le défaut de publicité lui ferait probablement perdre le bénéfice,

Frappe, au préjudice de M. Isaac Laumenis, har-piste, domicilié   ,

L'inscription de ce privilége sur le vignoble aliéné qui lui est affecté d'après la nature même de l'acte préénoncé, base fondamentale du présent borde-reau, vignoble situé   , et dont le débiteur est propriétaire exclusif.

Au moyen de cette inscription, celle existant au bureau hypothécaire de   , vol.   , n°   , doit demeurer non-avenue : le préposé des hypothè-ques n'étant pas en pareil cas le mandataire né du vendeur, le conservateur, confectionnaire de cette dernière mesure conservatoire, n'a pas eu caractère légal pour la formuler d'office.

L'inscrivant élit domicile   .

COMMENTAIRE.

Comme il s'agit ici, plutôt d'un partage que d'une vente (883, Code civil) la loi ordonne au titulaire de la créance de prendre lui-même l'inscription ; l'article 2109 s'applique à l'espèce privativement à l'article 2108. (M. Troplong, des Hyp., t. 1, n° 290, p. 446.)

7

XLI.

Créancier de M. Jacques Huard, maire de la ville de   , où il est domicilié   , d'une somme de dix mille francs exigible, sans intérêt, le   , montant d'un emprunt qu'il lui a fait, le   , par acte Me   , notaire,

M. Jacques Guy, peintre en bâtimens, domicilié   ,

Pour s'assurer que son hypothèque remplira le but que les parties se proposèrent en l'adoptant pour garantie réelle de l'exécution de l'acte dont on vient de parler,

Forme inscription de cette hypothèque et la dirige avec celle-ci, suivant leur commune destination, aux termes de cet acte,

Sur la maison d'habitation du débiteur, située   .

L'inscrivant élit domicile   .

Donation entre-vifs de ladite maison a été récemment faite, d'abord à M. Huart, ensuite à une autre personne, et celle-ci a, la première, rempli la formalité de la transcription.

COMMENTAIRE.

Un donataire particulier postérieur peut-il opposer le défaut de transcription ?

Il existe, dans le sens de l'affirmative, des autorités imposantes.

M. Dalloz, dans sa Jurisprudence générale, V. dispositions entre-vifs, s'exprime ainsi :

« Il nous semble qu'il faut distinguer entre le donataire universel, qui, comme l'héritier, représente indéfiniment le donateur, et le donataire à titre singulier. C'est au premier seul que nous refuserions le droit de se prévaloir du défaut de transcription, et cela par les mêmes motifs qui nous portent à dénier ce droit à l'héritier.

» Quant au donataire particulier, il ne représente pas le donateur, il n'est tenu personnellement d'aucune dette; et ne supporte que les charges qui lui ont été imposées par le donateur, ou celles dont les immeubles donnés se trouvent grevés; et comme il ne figure nullement au nombre des intéressés auxquels la disposition finale de l'article 941 refuse par exception d'exciper du défaut de transcription, nous hésitons à croire qu'on puisse l'en priver. »

M. Duranton, dans son Cours de Droit civil, t. 8, n° 515, a adopté cette solution. Ecoutons-le :

« Un donataire postérieur d'un même immeuble pourrait également invoquer le défaut de transcription; à tel point que ce serait le plus diligent à faire transcrire qui l'emporterait quant à la question de propriété, sauf au donataire antérieur son recours tel que de droit contre le donateur.

» En effet, le donataire postérieur est incontestablement au nombre des personnes qui ont intérêt à
se prévaloir du défaut de transcription; et d'autre
part, donataire à titre particulier comme on le suppose, il n'est point le représentant du défunt, il n'est
pas tenu de ses faits; en sorte que les raisons qu'on
peut faire valoir contre l'héritier, n'ont pas la même
force contre lui. Ce donataire est donc compris dans
la disposition de l'article 941.

» Il est vrai que l'article 1072 décide le contraire
en matière de substitution; mais il est évident que
l'article 941 a été rédigé dans un autre esprit. Le
premier a été tiré de l'ordonnance de 1747, sur les
substitutions (art. 34, tit. 2); tandis que le second a
été puisé dans l'ordonnance de 1731 sur les donations;
et cependant, lors de la rédaction de l'ordonnance de
1747, on ne pouvait pas douter que le défaut de transcription ou d'insinuation ne pût, d'après celle de 1731,
être opposé par un donataire postérieur qui avait
transcrit le premier : on a donc voulu, dans le cas
de substitution, apporter quelque tempérament à la
rigueur des principes, en faveur du donataire négli-
gent, et surtout des enfans appelés à la substitution.
Or, il faut entendre ces articles 941 et 1072 chacun
suivant la matière à laquelle il s'applique: c'est dans
ce sens que leurs dispositions respectives ont été
adoptées par les rédacteurs du Code qui ont suffi-
samment fait connaître les innovations qu'ils ont

voulu apporter à l'ancienne législation sur l'un et l'autre point, et le maintenir pour le surplus. D'ailleurs, il y a une raison particulière dans le cas de substitution, qui n'existe pas dans celui de la donation ordinaire : dans le premier, la disposition peut avoir lieu en faveur d'enfans qui ne sont pas même encore conçus : on a donc pu raisonnablement prévenir, en leur faveur, une chance désavantageuse, en empêchant les donataires postérieurs de se prévaloir du défaut de transcription. »

Ces résolutions ne me paraissent pas rationnelles.

M. Jaubert, après avoir dit dans son rapport au tribunat, que des personnes intéressées à invoquer le défaut de transcription, il n'y aurait d'exception qu'à l'égard de celles qui étaient chargées de faire opérer la transcription, ou leurs ayant-cause, et le donateur, ajoute : « ce qui comprend aussi nécessai-
» rement les donataires particuliers, les cessionnaires
» et les héritiers du donateur. »

M. Merlin, Questions de Droit, v° transcription, § 6, n° 3, a lui-même professé cette opinion.

M. Grenier, Traité des Donations, l'a également admise.

La cour royale de Montpellier a jugé, le 12 juin 1831, qu'un donataire était non-recevable à se prévaloir du défaut de transcription;

Et deux arrêts de la Cour de cassation des 2 décembre 1810 et 4 janvier 1830, dans quelques-uns de leurs motifs puisés dans les articles 1069, 1070 et 1072, Code civil, semblent consacrer cette doctrine.

Enfin, l'article 923 de ce Code porte que la réduction des donations entre-vifs se fait en commençant par la plus récente, et ainsi de suite en remontant aux premières.

Or, cet ordre des dates sera, sans contredit, observé lorsque deux donataires particuliers, dont le dernier seul a transcrit, sont en présence, et la première donation restera intacte, si la valeur de l'autre suffit pour remplir la réserve légale : on ne peut distinguer où la loi ne fait pas de distinction.

Il n'est qu'un cas où le donataire postérieur peut opposer le défaut de transcription ; c'est celui où la donation a été faite à titre onéreux : le donataire doit être alors assimilé à ceux qui, comme l'exprime l'un des motifs de l'arrêt précité du 12 septembre 1810, auraient traité avec le donateur, dans l'ignorance des donations qu'il aurait pu faire, et qui ne seraient pas responsables de ses faits, c'est-à-dire les créanciers envers lesquels il serait obligé, les tiers auxquels il aurait vendu ou transféré à titre non gratuit le tout ou partie des biens dont il se serait précédemment dépouillé par une donation.

C'est ainsi que la Cour suprême a, par son arrêt du 25 mai 1836 (Sirey, 36, 1, 647) jugé que les donations onéreuses ne sont pas sujettes à la révocation pour survenance d'enfans.

En somme, il est établi, et la démonstration est complète, que la donation dont est porteur M. Huard, par cela seul qu'elle se trouve la première dans l'ordre du temps, balance, domine, efface celle du second gratifié; et que, conséquemment, l'inscription hypothécaire en question doit avoir son plein et entier effet.

XLII.

M. Pierre-Bernard Deglane, sans profession, domicilié   ,

Pour donner à son hypothèque tacite une manifestation légale, l'un de ses principaux moyens de vitalité et le premier élément de conservation de la créance dont elle doit, comme accesssoire, suivre les modifications et partager le sort, créance dont la balance du compte tutélaire à intervenir, mentionné ci-bas, fixera le chiffre,

Requiert, au préjudice de M. Auguste Lalande, huissier, son ci-devant tuteur,

L'inscription de ladite hypothèque sur les immeubles que ce dernier possédait lors de son entrée en fonctions, sur ceux qui lui sont advenus depuis et sur ceux qu'il acquerra par la suite dans l'arrondissement de   .   •

Le requérant observe que le compte en question devra comprendre au bénéfice de l'oyant cinquante mille francs acquittés, au nom de son pupille, par M. Lalande à M. George Lucas, marchand, demeurant   , pour solde d'un billet à ordre que lui avait souscrit, sous le cautionnement de M. Deglane père, M. Bordas, négociant failli, domicilié   ,
ce paiement ayant eu lieu à une époque où la libération du donneur d'aval, ou plutôt de son héritier, était acquise, puisqu'un nouvel effet, auquel on donna à tort la couleur d'une reconnaissance, se trouvait déjà, et même depuis plus de cinq ans, substitué au premier.

Il élit domicile   .

COMMENTAIRE.

L'acte de reconnaissance dont parle l'article 189, Code commerce, ne peut avoir l'effet de substituer l'action quinquennale à l'action trentenaire, qu'autant que le débiteur aurait donné un titre nouveau en paiement des effets de commerce. (Cour de cassation, 28 novembre 1831. Sirey, 31, 1, 26.)

Cette doctrine se rallie parfaitement avec l'opinion de M. Locré.

« On peut, dit-il, répondre que la prescription ultérieure sera réglée sur la nature du nouveau titre et l'intention des parties. Si elles ont entendu faire revivre le titre existant, la prescription sera de cinq ans; il en sera de même si elles l'ont remplacé par un nouvel effet de commerce. Mais si elles y ont substitué une obligation civile, cette circonstance donne à la créance un caractère positif, qui la range dans la classe des obligations ordinaires, en conséquence desquelles l'action dure trente ans. »

Et j'ajouterai que la substitution soit d'une obligation civile, soit d'une nouvelle traite à l'ancienne, autorise la caution à demander sa décharge.

Cette vérité dérive positivement des termes de l'article 2038, Code civil, ainsi conçu :

« L'acceptation volontaire que le créancier a faite » d'un immeuble ou d'un effet quelconque en paie- » ment de la dette principale, décharge la caution, » encore que le créancier vienne à être évincé. »

XLIII.

S'appuyant d'un contrat de prêt de trente mille francs exigible, sous l'intérêt annuel de cinq du cent, le . . . . . ., comme il paraît du contrat M^e . . . ; notaire, ..., en date du . . . . . ., ...

M. Antoine Laumenie, avocat, domicilié . . . ,

Pour conserver intacte la double aptitude de son hypothèque sortie, comme la créance qu'elle protège, de l'acte sus énoncé, à saisir l'immeuble grevé, n'importe les mutations diverses qu'il pourra subir, et à se réaliser utilement sur le prix,

Déclare requérir, contre M. Sicaire Beaumont, docteur en chirurgie, domicilié   ,

L'inscription de cette hypothèque sur la forêt dite des Remblais, située   , et dépendant de la succession de M. Jean-Baptiste Beaumont, souscripteur de ladite obligation, représenté par M. Beaumont, son fils unique.

Celui-ci s'est d'abord porté héritier bénéficiaire ; mais il a ensuite tacitement abdiqué cette qualité en passant compromis sur un débat judiciaire important ouvert entre lui et un parent qui réclamait des droits sur la succession.

Le requérant élit domicile   .

COMMENTAIRE.

L'héritier qui, après avoir accepté sous bénéfice d'inventaire, passe compromis sur des contestations relatives à la succession, dépose sa qualité de bénéficiaire et revêt celle d'héritier pur et simple. (Cour de cassation, 26 juillet 1814. Sirey, 15, 1, 32.)

En un tel cas, l'inscription prise par un créancier de la succession est valable ; elle ne tombe pas sous le coup de l'article 2146.

XLIV.

Muni du contrat de vente par lui consenti à M. Elie Berger, mineur émancipé, sans profession, domicilié   , au prix de vingt mille francs, exigibles le   , sous l'intérêt annuel au taux légal, devant Me   , notaire   .

M. Alexandre Duras, relieur, domicilié   ,

Pour mettre au grand jour sa créance et son privilége, nés simultanément dans l'acte ci-avant indiqué, et maintenir sauf celui-ci, seul soutien réel de la première,

Requiert l'inscription de ce privilége sur les jardin et pré vendus, situés

Il fait élection de domicile   .

COMMENTAIRE.

Le contrat sur lequel l'inscription qui précéde est motivée, est valable, même à l'égard de l'acquéreur, sauf réduction en cas de lésion. L'expression achat qu'emploie l'article 484, Code civil, n'est pas limitée aux acquisitions de mobilier. (Cour de cassation,   . Sirey, 33, 1, 687.)

XLV.

M. Jean Chansaud, capitaine de hussards,

Au nom de Mᵐᵉ Désirée Lacrose, son épouse, avec laquelle il·est domicilié   , et dont·il exerce ici les·droits et actions, aux termes de l'article 1428, Code civil,

Requiert, au préjudice de M. Jean Lacrose, négociant, domicilié   ,

L'inscription de l'hypothèque en laquelle est dégénéré, faute d'avoir été rendu public en temps légal, le privilége résultant du contrat souscrit devant Mᵉ   et son collègue, notaires à   , le   ,

Sur l'hôtel du Lion-d'Or et le jardin y contigu que le débiteur possède à   ,

Pour garantie 1° de sept mille francs donnés entre-vifs, suivant l'acte préénoncé par M. et Mᵐᵉ Louis Lacrose et Jeanne Grammont à Mᵐᵉ Chansaud, leur fille, exigibles après le double décès des donateurs : donation insérée, en faveur de celle-ci, comme charge, dans une autre que les mêmes ont, par cet acte, faite de tous leurs biens présens à M. Lacrose, leur fils, ci. 7,000

2° De deux cent cinquante francs, chiffre

A reporter. 7,000

Report. 7,000

réuni de trois années y compris la courante,
que M. Lacrose, donataire à titre universel,
est en outre tenu de payer à Mme Chansaud,
sa sœur, pendant la vie du dernier mourant de leur père et mère, ci. 250

En tout, sept mille deux cent cinquante
francs, ci. 7,250

Le contrat de mariage de M. Lacrose fils, passé
peü de temps après la donation susdatée, renferme,
au profit de la future, constitution d'une dot de huit
mille francs.

L'inscrivant fait élection de domicile

La présente mesure conservatoire laisse intacte la
faculté de demander la révocation de la donation
en question, au cas d'inexécution des conditions
imposées au donataire: M. Chansaud n'a pu ni voulu
à cet égard renoncer seul au bénéfice de l'article
953 du Code civil.

COMMENTAIRE.

La créance privilégiée de Mme Chansaud n'ayant
pas été inscrite dans le délai prescrit, est devenue
hypothécaire, et l'hypothèque ne date, à l'égard des
tiers, que du jour de l'inscription. L'article 2113,
Code civil, est là-dessus décisif.

Cette hypothèque ne pourrait être désormais

opposée par Mme Chansaud à Mme Lacrose, sa belle-
sœur. L'hypothèque de celle-ci, indépendante de
l'inscription (2135, *id.*) remonte à son acte anté-
nuptial (2194 et 2195, *id.*) La priorité est donc incontestablement acquise à la première.

Mme Chansaud serait-elle, à défaut de paiement,
fondée à faire révoquer la libéralité dont il s'agit?

L'affirmative ne peut donner accès à aucune raison
plausible de douter. Á côté du mal, il y a le remède.
C'est une ressource assurée par les articles combinés
724, 894, 953, 1076, 1101 et 1134, *id.* Le droit
des disposans passe à Mme Chansaud qui, pour arriver plus sûrement à son but, n'agirait pas comme
copartageante des immeubles donnés par ses père et
mère, mais bien comme représentant ces derniers.

Quoiqu'il en soit, le législateur ne s'étant pas, en
cette occasion, exprimé avec la clarté et la précision
que présentent d'autres articles du même Code, et
tout le monde ne rendant pas hommage à ce principe élémentaire qu'en matière d'interprétation, on
doit scruter l'esprit qui présida à la rédaction de la
loi ou de la convention, et non s'arrêter au son isolé
des mots, à leur sens grammatical, Mme Lacrose se
déterminerait peut-être à contester la demande de
Mme Chansaud, ce qui n'aurait certainement pas lieu,
si l'on eût stipulé le pacte commissoire; mais l'abréviation des procès est du domaine exclusif du spécia-
liste; or, le retenteur de l'acte précité ne l'est sans

doute pas : ignorant que l'indécision est le partage de la médiocrité, il marche probablement comme une tortue.. . . . . .

XLVI.

Fondé sur un jugement non contradictoire par lui obtenu au tribunal civil de   , le   , et non encore expédié,

M. George Dubreuil, notaire, domicilié   , et pour lequel domicile est élu   ,

Voulant soustraire à la chance de perte qui pèse sur elle, faute de publicité, l'hypothèque que le jugement préénoncé emporte de droit,

Requiert, au préjudice de M. Germain Domini-que, député, domicilié   ,

L'inscription de cette hypothèque sur les immeubles que celui-ci a actuellement et sur ceux qui lui appartiendront à l'avenir dans l'arrondissement de   .

Principal de la créance au paiement de laquelle M Dominique a été condamné, exigible dès le jour même de cette condamnation, trois mille francs, ci. 3,000

A reporter. 3,000

Report. 3,000

Frais et dépens liquidés à deux cent cinq
francs exigibles de suite, ci. 205

TOTAL, trois mille deux cent cinq francs,
ci. 3,205

COMMENTAIRE.

L'inscription peut être prise en vertu d'un jugement aussitôt après sa prononciation, et avant qu'il
ait été expédié et enregistré : elle est une simple
mesure conservatoire, et non un acte d'exécution.
(2123 et 2148, Cod. civ.)

La représentation, au conservateur, du titre de la
créance, n'est exigée que dans l'intérêt de ce fonctionnaire : l'inobservation de cette formalité ne peut
dès lors opérer la nullité de l'inscription. (Cour de
cassation, 19 juin 1833. Sirey, 33, 1, 642.)

XLVII.

En exécution 1° d'un contrat d'obligation à lui
consenti par M. et Mme Jean Roger et Marie Dumont, sans profession, domiciliés   , devant

M^e   , notaire   , et dans lequel celle-ci
le subrogea à l'effet de son hypothèque légale;

2° Du pacte matrimonial des débiteurs, sous la
date du   , au rapport de M^e   , notaire
à   , en due forme, par lequel Mme Roger se
constitua douze mille francs, et les paya comptant à
M. Roger,

M. Pierre Robert, avocat, domicilié   , et
pour qui domicile est élu   ,

Pour divulguer le double gage de sa créance, et
l'empêcher ainsi de se briser contre le défaut de
publicité, son plus grand écueil,

Requiert, en son nom, et, au besoin, comme
substitué à Mme Dumont et la représentant,

Contre M. Roger,

L'inscription de l'hypothèque légale de sa débitrice sur les immeubles présens et à venir de celui-ci
dans l'arrondissement de   , ensemble
l'inscription de l'hypothèque spéciale imposée par
l'acte de prêt ci-dessus relaté, sur les biens qu'il possède à   , consistant   .

Principal de la créance du requérant, portée
dans ce dernier acte, quatorze mille francs,
ci. 14,000

Trois années d'intérèts, celle qui court
incluse, deux mille cent francs, ci. 2,100

TOTAL, seize mille cent francs, ci 16,100

A reporter. . . . . 16,100 —

8

$$\textit{Report.} \ldots \ldots \quad 16,100$$

Si, à ce dernier chiffre, on ajoute douze
mille francs, ci 12,000

Importance précise de la reprise dotale
énoncée dans le proëme du présent bordereau, et pour laquelle la mesure conservatoire est également requise, on atteint
vingt-huit mille cent francs, ci 28,100

COMMENTAIRE.

Le créancier substitué à l'hypothéque légale de
la femme peut comme elle se dispenser d'inscrire.

Mais s'il ne manifestait ses droits par l'inscription,
cette hypothèque pourrait être frauduleusement
effacée à son insu.

Enfin, si la subrogeante avait ébréché sa créance
par de précédentes cessions ou subrogations, cette circonstance serait un appel à la vigilance du subrogé,
touchant l'inscription de l'hypothèque conventionnelle qui, outre qu'elle protège une créance supérieure à celle de Mme Roger, sera, en dernier résultat,
le plus puissant gage de sécurité de celui-ci.

XLVIII.

Porteur d'un acte d'obligation à lui souscrit
le   , devant Me   , notaire à   , par

M. Jérôme Deschamps, officier en retraite, domicilié   ,

M. Nicolas Lamothe, inspecteur-général des études, domicilié   ,

Pour compléter la garantie par laquelle son hypothèque doit justifier la confiance qu'elle lui inspire
sur le remboursement futur de la somme de six mille
francs exprimée au contrat susdaté, exigible le   ,
avec intérêt annuel au taux légal,

Requiiert, au préjudice de M. Deschamps, l'inscription de cette hypothèque,

Sur l'usufruit appartenant au débiteur d'après le
testament de M. Abraham Dumas, sur les immeubles
délaissés par celui-ci, et encore indivis entre ses
héritiers, sis   , et se composant   .

L'inscrivant fait élection de domicile   .

Les successibles nus propriétaires Dumas ont sur
M. Deschamps une créance qui absorbe, et au-delà,
la valeur de son usufruit.

COMMENTAIRE.

L'inscription prise par les créanciers d'un légataire
usufruitier avant la liquidation de la succession sur
les immeubles soumis à l'usufruit est valide et frappe
utilement, encore que, plus tard, ce légataire se
trouve débiteur des héritiers, et que son droit soit
déclaré éteint par compensation avec sa dette.

Cette proposition est inélutable. Un légataire d'usufruit n'est pas un cohéritier dans le sens de la loi. L'article 883, Code civil, portant que le partage n'est que déclaratif, qu'il n'est pas attributif de propriété, est inapplicable à l'espèce. (Cour de cassation, 3 août 1829. Sirey, 29, 1, 300.)

XLIX.

Sous l'influence d'un contrat d'obligation du   ,
au rapport de Me   , notaire   , par lequel M. Chantegreil, huissier, domicilié   , s'est reconnu son débiteur de sept mille francs exigibles le   , avec intérêt au taux légal, et sous l'hypothèque des immeubles à venir de l'emprunteur, vu l'insuffisance de ses biens présens et libres pour répondre de l'objet de l'engagement,

M. Jean-Baptiste Lafaye, jurisconsulte, domicilié   , et pour qui domicile est élu   ,

Requiert, pour faire un appel à la publicité dont l'absence est le plus dangereux écueil de sa créance,

L'inscription de l'hypothèque qui, aux termes de l'acte précité, frappe sur le domaine récemment échu à M. Chantegreil par le décès de M. Nicolas Chantegreil, son père, sis   , composé   .

COMMENTAIRE.

L'hypothèque établie dans les termes de l'article 2130, Code civil, doit être inscrite à mesure des acquisitions, à la différence de l'hypothèque judiciaire sur les biens à venir, qui peut être exercée à la date du jugement. (M. Troplong, comm. des Hyp.)

Il est donc évident que l'ordre des créanciers ayant des droits sur les biens à venir est subordonné à la priorité de leurs inscriptions. (Cour de Paris, 25 février 1835. Jurisprudence du Notariat, t. 8, p. 487.)

L.

Légataire de seize mille francs exigibles le   ,
sans intérêt, à lui assurés par le testament de Mme Julie Reynaud, son épouse, en date du
au rapport de M^e   , notaire à   ,

M. Jean-Jacques Romain, sans profession, domicilié   , et pour qui domicile est élu   ,

Pour avoir un nouveau motif de sécurité sur le paiement de sa créance et la certitude de conserver, à cette fin, son hypothèque légale (1017, Cod. civ.)

et le privilége de la séparation du patrimoine de la défunte d'avec celui de M. Alexis Ricard, son héritier légitime, avoué, domicilié   ,

Déclare requérir, contre celui-ci,

L'inscription du privilége et de l'hypothèque sus énoncés,

Sur deux métairies dépendant de la succession de la testatrice, sises   , et composées, chacune, de

Le requérant observe que déjà, et le 6 mai 1832, acte Me   , notaire   , Mme Romain, alors âgée de vingt ans seulement, lui avait donné entre-vifs cent mille francs payables au décès de la donataire, et qu'il a cru devoir renoncer à cette donation, et s'en tenir à son legs.

COMMENTAIRE.

L'inscription ci-dessus ne pouvait être valablement motivée que sur le testament en question, la donation mentionnée au bordereau étant nulle. (Cod. civ., 904; M. Toullier, Droit Civil Français, t. 5, p. 833, n° 925.)

------◆------

LI.

Créancier de Mlle Sophie Cumenal, sans profes-

sion, domiciliée   , de quinze mille francs exigibles le   ., sans intérêt, qu'il lui prêta selon
contrat du   , au rapport de Mᵉ   , notaire   ,

M. Isaac Lamarque, banquier, domicilié   ,
et pour qui domicile est élu   ,

Pour se convaincre que son hypothèque conti-
nuera, nonobstant tous événemens ultérieurs, de
protéger sa créance, et d'offrir le double caractère
d'une garantie solide et durable,

Requiert, au préjudice de la débitrice,

L'inscription de l'hypothèque émise par l'acte
préanalysé,

Sur la forêt qu'elle possède à   .

Cette inscription est ainsi formée en renouvellement de celle qui eut lieu à la diligence du réquérant,
au présent bureau, le   , vol.   , nᵒ   .

Par jugement du   , le tribunal de   ,
sans s'arrêter à l'appel relatif à la sentence d'adjudication préparatoire de l'immeuble hypothéqué, en
date du   , ni à la demande en compensation
formée contre le créancier poursuivant, pendante et
indécise devant lui, tranche l'adjudication définitive
de cet immeuble, pour le prix de vingt mille francs.

L'inscrivant n'a donc pas cru devoir hésiter à
renouveler son inscription, pour le cas où la débitrice obtiendrait gain de cause.

COMMENTAIRE.

Je pense que l'appel en question est suspensif, et mon opinion se rallie parfaitement avec l'esprit et la lettre de la loi et avec la jurispr dence qui en a développé le sens, et consacré l'app. cation dans des cas analogues à l'espèce.

L'article 457, Code procédure civile, est ainsi conçu :

« L'appel des jugemens définitifs ou interlocutoires sera suspensif, si le jugement ne prononce pas l'exécution provisoire dans le cas où elle est autorisée. »

Il résulte positivement des termes de cet article que l'appel, même non-recevable comme tardif, aurait l'effet de suspendre l'exécution du jugement contre lequel il est dirigé, encore qu'il n'eût pas été notifié au greffier, selon le vœu des articles 734 et 736, Cod. proc., s'il était du reste porté à la connaissance du tribunal.

On peut invoquer, dans le sens de cette solution, entre autres monumens irrécusables de jurisprudence, deux arrêts de la Cour suprême, l'un du 19 janvier 1829, l'autre du 10 novembre 1834.

Le premier de ces arrêts offre trois considérans remarquables et précieux à recueillir :

« Attendu que les jugemens dont était appel ne

contenaient pas et ne pouvaient pas contenir la disposition qu'il serait passé à l'adjudication définitive
nonobstant appel; que, dès lors, et aux termes de
l'article 457, l'appel était incontestablement suspensif;

« Attendu qu'en droit, l'appel est également dévo-
lutif, et qu'il transfère aux juges la connaissance de
l'affaire et du mérite de l'appel lui-même, que sous
l'un et l'autre rapport, le tribunal de première instance de Bordeaux, en procédant à l'adjudication
définitive, au préjudice de l'appel, par le motif que
cet acte n'était pas fait dans le délai et dans les formes
prescrites par la loi, a méconnu les règles de la com-
pétence, et violé l'article 457, Cod. proc. civ.;

» Attendu, en outre, que la notification de l'appel
au greffier, a pour effet de dispenser l'appelant de se
présenter au juge pour arrêter l'exécution du jugement, elle n'est point établie comme moyen unique
et exclusif des autres moyens de droit autorisés par
la loi, en toutes matières, pour donner aux juges
connaissance des appels. »

Le deuxième arrêt résout également la question
en termes explicites :

« Attendu qu'aux termes de l'article 457 ci-dessus
visé, l'appel du jugement du 8 février était suspensif; attendu qu'en appelant de ce jugement, la dame
Saint-Marc s'était opposée à l'adjudication définitive,
et avait demandé qu'il y fût sursis, jusqu'à ce qu'il

eût été statué, par la Cour royale, sur le mérite de son appel; attendu que, néanmoins, nonobstant la connaissance qu'il avait de la demande en sursis, et sans s'arrêter à cette demande, le tribunal a prononcé l'adjudication définitive par son jugement du 19 avril: d'où il suit qu'en confirmant ledit jugement, l'arrêt attaqué a expressément violé l'art. 457, Cod. proc. civ. (Journal des Avoués, t. L., p. 47.) »

Nous ferons remarquer que M.   arriverait encore à son but par une voie plus directe, c'es-à-dire par l'allégation de la compensation : il y aurait alors nécessité de statuer sur le mérite de cette exception avant de trancher l'adjudication.

L'inflexibilité de ce principe empêcherait seule de reculer devant son application.

Cette décision coïncide avec celle d'un arrêt de la Cour de cassation du 23 juillet 1811, puisqu'on y trouve formellement consignée la proposition que voici :

« S'il arrive que le tribunal, après avoir fixé le jour de l'adjudication, par exemple, au 30 octobre, renvoie au 15 novembre à statuer sur la compensation, ce jugement, quoique acquiescé, n'autorise pas à procéder à l'adjudication avant qu'il soit statué sur la compensation. »

Cela se conçoit aisément. La compensation ne fût-elle prononcée que provisoirement, éteint, quant à présent, la créance réclamée, et anéantit, par cela seul, à l'instar du paiement réel, toutes poursuites de saisies fondées sur cette créance; et, c'est, en effet, ce que la Cour régulatrice a jugé le 12 août 1807.

On pourrait donner d'autres raisons qu'il est inutile de développer, quand la loi a parlé.

A la lueur de ces principes, il est évident aux yeux de celui qui possède les premières notions du droit, que la décision à intervenir devra être favorable à Mlle Cumenal, et laisser subsister dans toute son énergie ou intensité l'obligation du renouvellement décennal imposée par l'article 2154, Code civil.

Cette vérité s'évince de ce que l'hypothèque n'est censée avoir consommé son effet légal, et pouvoir se réaliser sur le prix de l'immeuble grevé, qu'autant que la vente forcée est inattaquable ou incontestée, et même quelques légistes doués d'un talent distingué, entre autres, M. Sirey, exigent-ils qu'elle soit suivie d'une ouverture d'ordre.

LII.

Bordereau de créance constituée par l'acte portant donation entre-vifs, sous la date du   ,
notarié M^e , exerçant à la résidence de   ,
dûment enregistré;

Favorable à M. Alexandre Laronde , sans profession, domicilié   , d'une part;

Contraire à M. Léon Bonnefond, commerçant, domicilié   , d'autre part.

Pour corroborer la créance et l'hypothèque adnées dans le contrat qu'on vient de mentionner, et acquérir ainsi la certitude de triompher des obstacles qui s'opposeraient au paiement à intervenir,

M. Laronde, donataire,

Requiert, à la charge de M. Bonnefond, pris en qualité d'héritier exclusif du donateur, M. Thomas Bonnefond, son père,

L'inscription de ladite hypothèque sur un pré destiné à en subir le contact et les conséquences, appartenant au débiteur, situé   , et englobé dans les possessions de M.   .

M. Laronde élit domicile   .

On croit que la donation en question n'est pas valable; et, à cette occasion, un procès s'agite entre les parties au tribunal de première instance de   .

Le demandeur se fonde sur ce que le donateur disposa dans le cours de sa dernière maladie, et que le requérant, qui exerçait alors, sans titre légal, la médecine, lui donnait les secours de l'art.

L'effet de la présente mesure conservatoire est donc conditionnel et subordonné au succès de la cause de M. Laronde.

COMMENTAIRE.

Les docteurs médecins ou chirurgiens, les officiers de santé et les pharmaciens qui ont traité une personne dans le cours de la maladie à laquelle elle a succombé, ne peuvent recueillir l'effet des dispositions entre-vifs ou testamentaires qu'elle leur a faites pendant cette maladie. L'article 909, Code civil, le dit en termes précis et lumineux;

Et un auteur grave (M. Toullier, Droit Civil Français, t. V) enseigne que, bien que la loi ne parle que des médecins et chirurgiens, la nullité qu'elle consacre s'étend au cas où le donataire ou légataire, exerçant sans titre légal la médecine, a traité le disposant dans le cours de la maladie dont il est mort.

Enfin, cette doctrine a été confirmée avec cette modification, que la libéralité peut être maintenue comme don rémunératoire, sauf réduction, si elle paraît exorbitante. (Cour de Paris, 9 mai 1820; Cour de Grénoble, 6 février 1830. Sirey, 20, 2, 259; 30, 2, 309.)

Quoiqu'il en soit, comme il s'agit ici d'une peine non écrite dans notre article, on ne peut la prononcer sans s'écarter du vœu de la loi : cette rigueur hébraïque n'a en effet pu ni dû entrer dans la pensée du législateur. (Cour de cassation, 24 juillet 1832. Sirey, 32, 1, 503.)

Concluons donc, que M. Laronde peut raisonnablement espérer de recueillir le bénéfice de son hypothèque.

LIII.

Investis d'un contrat d'obligation de soixante mille
francs exigibles sans intérêt, consenti devant Mᵉ   ,
notaire   , le   , par M. Léon Guy, maire,
domicilié   , en faveur de feu M. Jean Duras,
leur père, dont ils sont seuls héritiers,

MM. Antoine, Pierre et François Duras, avocats,
domiciliés   ,

Pour protéger par le seul moyen rationnel et juri-
dique d'en assurer l'avenir et le rang, leur créance et
l'hypothèque dont elle est corroborée par l'acte qu'on
vient de ténoriser qui les constitue l'une et l'autre,

Requièrent, chacun dans la proportion de la part
collective qui lui incombe dans ce droit incorporel,
et dont le chiffre ne peut être définitivement réglé
avec précision, avant qu'il ait été statué sur la contestation judiciaire dont il va être parlé.

L'inscription de cette hypothèque,

Sur une forêt que le débiteur possède à   .

Par l'acte contenant ses stipulations contractuelles,
notarié Mᵉ   , exerçant à la résidence

de   , daté du   , M. Duras disposa,
au profit de sa future , de l'usufruit de la moitié des
biens qu'il aurait à son décès.

Plus tard, il est mort à la survivance de la donataire et de ses trois fils, laissant, en faveur de l'aîné,
un testament, en date du   (M^e   ,
notaire à   ) renfermant un legs du quart
en nue propriété de sa succession.

Ses autres enfans prétendent que cette disposition
à titre universel est caduque, en ce que, selon eux, la
donation entre-vifs dont s'agit épuise , au cas particulier, la quotité disponible déterminée par l'article
913, Code civil, une moitié des biens en usufruit
étant, en droit, et aux termes de la Jurisprudence,
l'équivalent d'un quart en propriété.

Le légataire soutient la proposition inverse.

Il existe déjà sur le point qui divise ainsi les requé-
rans, procès au tribunal civil de   .

Ceux-ci élisent domicile   .

COMMENTAIRE.

La quotité disponible fixée par l'article 913, et
celle soit de l'article 1094, soit de l'article 1098 , ne
peuvent être cumulées.

En effet, la loi n'autorise nulle part leur concours
simultané. Au contraire, son esprit le repousse. Il
porterait atteinte à la réserve légale. L'enfant uni-

que, par exemple, serait réduit à rien pendant la vie du dernier mourant de ses père,et mère, si le premier décédé avait épuisé sa faculté disponible, c'est-à-dire attribué à un étranger la moitié de ses biens, et à son conjoint, un quart en propriété, la jouissance d'un autre quart, ou une moitié en usufruit seulement.

Cette dernière quotité est une faveur dont les époux peuvent seuls se prévaloir comme leur étant exclusivement personnelle. Ainsi, lorsque la portion disponible, aux termes de l'article 913, se trouve absorbée par l'un d'eux envers l'autre, le donateur ne peut plus disposer de rien au profit d'un étranger, ni d'un enfant, même de la différence qui existerait entre la portion déterminée par les articles 913 et 1094. (Cour de cassation, 21 juillet 1813 et 17 janvier 1824. Sirey, 13, 1, 441; 33, 1, 506.)

LIV.

A l'abri d'un contrat d'obligation de six mille francs exigibles le   , notarié en l'étude de Mᵉ   , exerçant à la résidence de   , sous la date du   ,

M. Léon Buis, négociant, domicilié   ,
et au nom de qui domicile est élu   ,

Pour maintenir dans toute leur intégrité la créance et l'hypothèque dont le bénéfice lui est acquis par l'acte déjà cité,

Requiert, contre le souscripteur, M. George Ladoire, sans profession, domicilié   , l'inscription de l'hypothèque qui en dépend, garantie prépondérante de son paiement,

Sur un pré, gage spécial que cette hypothèque domine et enchaîne à l'exact accomplissement de l'obligation préénoncée, sa protégée.

Il est situé   , et confronte, de trois aspects, les possessions du requérant, et d'occident, un chemin public.

M. Breard, rapporteur du contrat dont on vient de décliner le nom, la date et la substance, a d'abord mission verbale d'inscrire, mais il déserte ensuite son mandat, reste inactif, et laisse à M. Jean Grenet, orfévre, domicilié   , le temps de former inscription sur les biens de M. Ladoire, pour une somme de cent mille francs.

Le requérant dont la sécurité serait maintenant, sans cela, complète, n'obtiendra qu'une partie infinitésime de son dû.

Il se propose donc de demander à M. Breard, si cette chance de perte se réalise, une juste indemnité à raison du préjudice qu'il lui aura causé.

9

COMMENTAIRE.

« Si l'événement, objet des anxiétés de M. Buis, arrive, celui-ci sera fondé à réclamer l'indemnité dont il s'agit. »

L'article 1382, Code civil, corroboré des articles subséquens 1991 et 1992, dispose en termes énergiques, précis, inaccessibles aux captieuses arguties du génie de l'interprétation, que celui qui cause à autrui un dommage doit le réparer, et la jurisprudence s'est prononcée dans le même sens.

Il existe, entre autres monumens introductifs de cette jurisprudence, une décision qui, par sa haute importance, est de nature à faire une impression à la fois salutaire et profonde sur l'esprit de MM. les Notaires, de ceux surtout dont la fortune ne dépasse pas le chiffre de l'indemnité allouée. D'un autre côté, il importe à l'ordre social que tout individu dont l'intérêt serait gravement blessé ou l'avenir compromis ait la certitude qu'il n'est pas désarmé contre le fonctionnaire qui aura si mal répondu à sa confiance. Ce double motif est trop prépondérant pour qu'on pût, sans se montrer antipathique à la diffusion des lumières, balancer à livrer à la publicité un précédent judiciaire qu'il est si essentiel de connaître.

La Cour suprême a, le 3 décembre 1835, rejeté, après un long délibéré, le pourvoi d'un notaire de

Paris contre un arrêt qui fait peser sur lui une condamnation grave. Il est déclaré responsable de 84,000
fr. envers un créancier, son client, par suite de l'in-
solvabilité du débiteur ; et cela sur le double motif
que le notaire qui reçoit des sommes pour les remettre à l'emprunteur, répond des conséquences de
cette remise ; qu'il doit veiller à ce que les conditions
du prêt, telles, par exemple, que des sûretés hypothécaires, soient remplies dans l'intérêt du bailleur
de fonds, dont il est dans ce cas le mandataire spécial.

Il y a plus : l'équité, règle souveraine ; lorsque
le précepte de la loi n'est ni clair ni impératif, ou,
ce qui revient au même, lorsque la question se
trouve rangée dans la classe des choses douteuses,
livrées à la contradiction, sympathise ici avec la rigueur des principes.

En effet, il y aurait injustice criante à proclamer
irresponsable M. Breard, à l'occasion d'une opération dont il avait pris l'engagement d'être l'agent
accélérateur, le guide, le seul arbitre : si le dénoû-
ment n'a pas souri à M. Buis, au premier la faute.
Inutile d'insister sur une vérité dont on ne peut douter sans passer les bornes du scepticisme : l'évidence
ne se démontre pas.

LV.

Mme veuve Renouard, née Marie-Julie Simonnet, femme de lettres, domiciliée,

A la faveur de la transaction scellée au notariat de M^e , le , qui l'établit créancière d'une somme de cent mille francs, non productive d'intérêt, dont l'exigibilité aura lieu le , et pour avoir une entière sécurité sur la future réalisation de son paiement,

Requiert l'inscription de l'hypothèque, que ce contrat impose et réfléchit,

Sur une prairie que le débiteur, M. Victor Magnol, adjoint-maire, domicilié , possède à ; elle confronte au sud, la châtaigneraie de M. Cherifeld, et des autres aspects, les propriétés de Mlle Garreau.

M. Pierre Magnol, dont l'obligé est fils et unique héritier légitime, a, le , devant M^e , notaire à , légué à M. Auguste Lacour, habitant de , l'immeuble hypothéqué.

Le notaire rédacteur a omis la date du mois et l'indication de la demeure du testateur.

Un renvoi porté, quoique fort court, à la fin du testament, contient le legs en question; et, cependant, le disposant et les témoins ne l'ont pas expressément approuvé.

De telles irrégularités ont éveillé l'attention de M. Magnol : il a déjà introduit en justice une action en annulation de cet acte de dernière volonté.

La requérante fait élection de domicile dans sadite demeure.

COMMENTAIRE.

La date du mois, dans un acte notarié, et l'énonciation du domicile des parties, ne sont pas exigées à peine de nullité, suivant les articles 12, 13 et 68 de la loi du 25 ventôse an 11.

Mais les renvois qui sont placés avant les signatures des contractans, comme ceux que ces signatures précèdent, sont réputés placés à la fin de l'acte, dans le sens de l'article 15 de cette loi, et doivent, en conséquence, être approuvés et signés ou paraphés des parties, sous peine de nullité.

Cette doctrine est sanctionnée par une foule d'arrêts uniformes, et, spécialement, par celui de la Cour suprême du 23 mars 1829, dont voici la teneur :

« La Cour, contre les conclusions de M. l'avocat-général Cahier ; — Attendu que l'article 15 de la loi du 25 ventôse an 11 porte en termes exprès que, si la longueur du renvoi exige qu'il soit transporté à la fin de l'acte, il devra être non-seulement signé ou

paraphé comme les renvois écrits en marge, mais
encore expressément approuvé par les parties, à
peine de nullité du renvoi; — Que cet article est
conçu en termes généraux et absolus; qu'il ne distingue point entre les renvois mis d'une suite à la fin de
l'acte avant les signatures ordinaires, et les renvois
mis à la suite de ces signatures; qu'il les comprend par
conséquent tous dans sa disposition; — Qu'il a pour
objet de prévenir les fraudes, et d'assurer que les
parties ont connu les renvois et les ont réellement
consentis; que, pour atteindre ce but, il est indispensable que les renvois mis d'une suite à la fin de
l'acte avant les signatures ordinaires, soient spécialement signés ou paraphés par les parties comme ceux
mis en marge, et expressément approuvés par elles;
sans quoi, il serait possible de les insérer après coup,
et à l'insu des parties, dans des blancs qui pourraient
se trouver naturellement, ou même être ménagés à
dessein, entre la fin de l'acte et les signatures ordinaires; — Qu'enfin, s'il n'y avait d'autre voie que
l'inscription de faux pour faire annuler les renvois
faussement intercalés, sans approbation ni signature
des parties, il arriverait que si l'inscription de faux
était rejetée faute de preuve, la fraude se trouverait
matériellement consacrée, et le vœu de la loi ne serait pas rempli; — Qu'il suit de là, qu'aux termes
de l'article précité, les renvois mis d'une suite à la
fin de l'acte avant les signatures ordinaires doivent

non-seulement être signés ou paraphés comme ceux écrits en marge, mais encore expressément approuvés par les parties ; — Qu'en jugeant le contraire, l'arrêt attaqué a formellement violé ledit article ; — Casse. » (Jurisprudence du Notariat, tome 2, pages 134 et 135.)

Ainsi, et en définitive, il est hors du doute le plus léger, que la disposition litigieuse qui dépouille M. Magnol sera déclarée nulle, et que, par suite, l'hypothèque donnée par celui-ci à Mme Simonnet produira son effet; les articles 711 et 2124 Code civil, qui paraissent contraires à cette opinion, devant être mis en harmonie et entendus dans un sens concordant avec les articles 724, 1004, 1166, 1179, 1180 et 2125 de ce Code.

OPINION

D'UN

MEMBRE DISTINGUÉ

DU BARREAU DE ROUEN

Sur la nécessité de créer des Écoles notariales.

———❖———

« La ville de Rouen, qui, par son importance, est comptée au nombre des premières villes du royaume, vient d'être dotée d'un cours sur le notariat qui fera époque dans les annales de l'instruction publique. M. Cellier, l'un des notaires les plus distingués de la ville, a rendu un véritable service à la jeunesse et à ses concitoyens, en sollicitant du ministre la faculté de professer publiquement le notariat, et d'en faire un objet spécial d'enseignement.

» Le cours de M. Cellier a révélé un vide dans l'instruction publique, et ce serait maintenant satisfaire à un besoin impérieux de l'époque que de créer dans toutes les villes de France qui seraient susceptibles de semblables établissemens, des chaires de notariat. Pour être bon notaire il faut avoir des connaissances en droit, et une expérience pratique qui ne s'acquiert qu'en se livrant aux divers actes qui sont les élémens de cette belle profession. Les jeunes gens qui fréquentent la capitale, et qui se destinent au notariat, se font pour la plupart recevoir licenciés en droit, en même temps qu'ils travaillent chez le notaire, et réunissent de la sorte la théorie à la pratique; mais, à l'exception des villes qui ont une école de droit, les jeunes gens qui se destinent au notariat sont réduits à n'acquérir que des connaissances pratiques qu'ils dérobent à leurs patrons, et sans que ceux-ci s'en doutent pour la plupart du temps. La routine fait tous les frais de l'éducation notariale dans les départemens. De là tous ces actes dont l'exécution est une source inépuisable de procès, et qui attestent tout à la fois et l'ignorance de ceux qui les font, et l'ignorance de ceux qui les souscrivent.

» Pour quiconque réfléchit, il est certain que des résultats aussi déplorables n'étaient pas dans l'intention du législateur en faisant une loi organique du notariat, mais le mal n'en existe pas moins, et ne s'en fait pas moins sentir à chaque pas qu'on fait dans les affaires ; c'est une lèpre qu'il faudrait extirper, et qui ne disparaîtra que le jour où la science du notoriat deviendra un objet spécial d'instruction publique. Tout le monde y gagnerait ; car l'étude du notariat est une étude de tous les jours, et qui se rattache à tous les actes de la vie civile ; le mariage, les obligations, les hypothèques, et une foule d'autres matières sur lesquelles tout le monde disserte sans les avoir approfondies ni y avoir réfléchi, sont la source et le principe d'une quantité innombrable d'actes qui se reproduisent continuellement sur tous les points de la France.

» La fonction de notaire est de la plus haute importance, et l'emporte sous beaucoup de rapports sur celle de MM. les avoués, quoique nous nous empressions de reconnaître l'utilité et l'indispensable nécessité dans l'ordre judiciaire de cette honorable fonction ; et cependant, pour ceux qui désirent l'exercer, il y a dans chaque école de droit un cours spécial de procédure : pourquoi n'y aurait-il pas de cours de notariat pour les personnes qui désirent embrasser cette profession ? Les plus puissantes raisons militent en faveur du notariat. Les erreurs que commettent les avoués ne sont pas, en général, irréparables ; il est même rare qu'il n'y ait pas lieu de sortir d'embarras, et de rétablir l'équilibre de position où se trouvaient les parties litigantes ; mais, pour les notaires, il n'en est pas de même; leurs actes sont des lois; les conventions qu'ils expriment ne peuvent être modifiées ou rétractées que du consentement des parties qui les ont faites; une convention mal rédigée peut compromettre la fortune d'un citoyen, et quelquefois l'avenir de toute une famille.

» Il n'est pas un acte de notaire qui ne puisse avoir les plus graves conséquences, et qui ne puisse exercer l'influence la plus funeste sur la position des parties lorsqu'il est l'œuvre d'hommes qui n'ont eu d'autres enseignemens que ceux de la routine. Le notariat, élevé à la dignité de la science, et soumis à des règles spéciales d'enseignement, pourrait seul prévenir d'aussi graves atteintes portées à l'ordre social et à la paix des familles par l'état de choses que nous signalons. Les épreuves auxquelles tout candidat est soumis devant la chambre des notaires d'après la loi organique du Notariat ne font que faire sentir de plus en plus la nécessité d'établir des chaires de notariat. Elles ne peuvent avoir pour objet qu'une instruction en harmonie avec ce qui a été mis en pratique jusqu'alors, c'est-à-dire la routine; tandis qu'un Cours sur le notariat, indépendamment de l'étude pratique chez le notaire, consisterait dans un enseignement théorique, explicatif et analytique tout à la fois de chacune des dispositions de nos lois qui sont les élémens des actes notariés. C'est ainsi que procède M. Cellier, homme instruit, et qui sait faire une heu-

reuse alliance des connaissances du droit et de la
philosophie; il ne se contente pas d'effleurer la matière
qu'il traite, il va au fond des choses, et tout acte du
notariat est expliquée., et dans son principe et dans
sa fin; il en analyse les élémens avec une grande sa-
gacité, et, après avoir démontré dans quelle partie
de notre législation il prend sa source, il vient à
l'application qui n'est autre chose que la mise en pratique des principes qu'il a expliqués, abstraction
.faite des actes. L'analyse est le flambeau qui éclaire
M. Cellier dans les judicieuses explications qu'il donne
sur la science du notariat. Son cours est un véritable
bienfait pour la ville où il exerce son honorable profession. Espérons que la sollicitude du gouvernement,
éveillée par l'autorisation qu'elle lui a donnée, s'éten-
dra à toutes les villes de France où il serait possible
d'établir un cours sur le notariat. Tout se perfectionne
de nos jours, et l'instruction publique est dirigée par
des mains trop habiles pour que nous n'ayons pas la
persuasion que nos vœux seront exaucés. »

Ces réflexions de M. Boetard, avocat à la Cour
royale de Rouen, se voient Jurisprudence du Notariat, t. 6, p. 433, 434 et 435.

M. Cellier s'élève lui-même avec force, comme son
honorable compatriote, contre le mode usité d'éducation notariale.

Ma conviction dès long-temps établie est, dit-il, que
ni le stage ni les examens que l'on fait subir aux candidats devant les chambres de discipline n'offrent les ga-

ránties suffisantes de capacité exigées par le législateur.

Le stage est une forte présomption sans doute, mais dans maintes circonstances les faits viennent déposer contre cette présomption.

Et quant aux examens, nous rappellerons ces paroles de l'orateur du gouvernement, lors de l'exposé de la loi du 25 ventose an 11 : « Combien d'individus pleins d'instruction, mais aussi chez qui la timidité est égale à la modestie, donnent facilement dans la solitude du cabinet la solution des questions les plus difficiles, mais qui, transportés dans une assemblée publique et devant des juges, ne répondent qu'avec peine aux questions les plus simples. Combien d'autres, au contraire, n'ayant que des connaissances superficielles, mais armés d'une audace qui en impose, se tirent heureusement de ces sortes d'exercices, parce qu'ils n'ont pas plus de timidité que de modestie..... C'est dans l'expérience, résultat d'un long travail, bien *plus que dans un interrogatoire de quelques minutes*, que la loi trouvera la garantie de l'instruction qu'elle exige. »

De fait, que prouvent lea examens ? rien ou à peu près. Sans parler de la manière dont généralement ils sont faits, le mode d'instruction notariale par la simple voie du stage ne permet pas qu'on les rende plus fructueux. Ils ne peuvent guère être utiles en l'absence de cours publics de notariat, lorsqu'il n'existe point un enseignement méthodique et obligatoire portant avec lui la preuve que les jeunes gens ont dû forcément acquérir des connaissances positives sur les matières notariales, sujet des examens que l'on fait subir aux aspirans.

Le notariat est une des professions qui exigent le plus de garanties de moralité et de capacité de la part de ceux qui s'y destinent. Eh bien! c'est peut-être aussi la profession pour laquelle il y en a le moins de réelles.

Car les examens...., il n'en faut réellement parler que pour mémoire ; et cette fois nous oserons dire toute notre pensée : c'est qu'ils ne sont pas même toujours sérieux. Par exemple, il est tel notaire à qui une seule question a été adressée lors du prétendu examen qu'on lui a fait subir. A bien prendre, les examens sont une vraie dérision.

Et, à son tour, le stage, présomption assez forte en apparence, n'est pas non plus une garantie : l'expérience en fait foi. Inutile d'indiquer les sources où l'on peut puiser les preuves. On nous dispensera à cet égard d'entrer dans des développemens.

Au surplus, comment se fait le stage destiné à prouver l'instruction exigée de l'homme qui veut arriver à la profession de notaire? C'est ordinairement la routine qui en fait les frais. C'est à l'aide d'un travail d'habitude, presque mécanique, que les jeunes gens parviennent à franchir tous les degrés de la cléricature. Il est des clercs que le hasard, certaines convenances, même la nécessité, élèvent au rang

qu'ils occupent, bien que pourtant ils soient d'une
faiblesse désespérante, d'une ignorance proverbiale.
Aussi sont-ils tourmentés, ridiculisés par une cama-
raderie rivale et rarement indulgente.

— Toutefois le stage, qui ne prouve rien, a été l'objet
de toute la sollicitude du législateur. Il est donc utile
d'entrer dans ses vues à cet égard, de chercher à
pénétrer sa pensée.

D'abord les notaires ont été divisés en trois classes,
et ces classes supposent différens degrés d'instruction. Je penserais au contraire qu'elle devrait être
partout la même, ou bien, en admettant des degrés,
c'est dans la troisième classe que je la voudrais plus
étendue; j'en ai dit la raison. (1)

(1) On croit qu'il faut moins d'instruction pour être notaire de
village que dans une grande ville : hé bien ! c'est une erreur, suivant
moi.

Dans les grandes villes on trouve, au besoin, réunis autour de soi
des hommes éclairés dans toutes les professions. Si une question
embarrassante se présente, on peut à l'instant même se faire aider des
conseils de l'avocat, de l'administrateur, du receveur de l'enregistrement, du géomètre, de l'architècte, etc. Mais dans les campagnes on
ne trouve point, pour la plupart du temps, de tels secours ; en l'absence
des lumières d'autrui, il faut tout tirer de son propre fonds ; souvent
même la nécessité d'une prompte détermination se fait sentir ; la
moindre hésitation de la part du notaire peut occasionner de graves
inconvéniens pour ceux qui requièrent son ministère, quelquefois la
ruine de leur fortune. Surtout maintenant que l'industrie se propage
dans toutes les contrées de la France, que dans des villages de la

Mais enfin le législateur a voulu une instruction analogue aux difficultés que présentent les affaires qui sont traitées dans chacune des trois classes.

moindre importance se rencontrent des établissemens industriels d'une valeur considérable, il faut être à même de bien comprendre les conventions auxquelles ce genre d'établissement peut donner lieu, afin de les bien rendre. J'ajouterai encore un mot qui mérite considération. Dans les grandes villes, on est presque toujours en rapport avec des personnes dont les relations multipliées et faciles, et l'éducation distinguée, garantissent en quelque sorte une facilité d'élocution et une justesse d'expression qui ne laissent pas de doute sur leurs intentions : bien expliquées, elles seront faciles à comprendre, et par conséquent faciles à bien rendre. Mais dans les campagnes, au contraire, il arrive presque toujours qu'en l'absence de moyens de se faire comprendre, les parties attendent du notaire l'explication de leurs propres intentions ; son office ne se borne plus à écouter pour rendre des intentions bien lucides, il est obligé de saisir dans une explication tronquée la véritable intention des contractans, et de la leur expliquer en la retournant sous toutes ses faces.

Dans les grandes villes, la multiplicité des opérations en tous genres amène dans toutes les parties une pratique forcée qui souvent tient lieu de science. Ainsi, un notaire, obligé de prêter son ministère pour un grand nombre d'affaires, acquerra sans s'en apercevoir une habitude pratique qui remplacera, autant que possible, des études auxquelles il ne s'est pas livré d'abord. Sa seule position d'homme occupé fera son éducation notariale, sans qu'il s'en doute. Tandis que dans les campagnes il faudra un zèle soutenu, une attention de tous les instans, et un travail opiniâtre pour pouvoir se tenir au courant des opérations de tout genre qui peuvent se présenter. Et puisque la pratique prête secours à la science par l'application, il faudra toujours au notaire le moins occupé plus de persévérance dans la science pour remplacer son défaut de pratique. (Analyse du cours de notariat.)

De là , cette exigence de l'article 36 de la loi du 25 ventôse an 11, qui dit : « Le temps du travail ou stage sera, sauf les exceptions ci-après, de six années entières et non interrompues, dont une des deux dernières, au moins, en qualité de premier clerc chez un notaire d'une classe égale à celle où se trouvera la place à remplir. »

Et l'article 37 dit *supérieure* ou *égale*. D'où les commentateurs de la loi tirent cette conséquence ainsi formulée (1) : « En tout cas, les fonctions de premier clerc doivent être remplies dans une étude d'une classe égale à celle où se trouve la place de notaire à remplir. Le maître clerc d'un notaire de seconde classe ne pourrait donc jamais aspirer à être notaire de première classe. Puisque la distinction des classes est fondée sur la présomption de l'importance des affaires, la condition imposée paraît juste. »

Ils ajoutent : « L'article 40 (2) ne dispense pas de la condition générale contenue dans les articles 36 et 37, qui consiste à avoir rempli pendant un an au moins les fonctions de premier clerc chez un notaire d'une classe égale à celle où se trouve la place à

____

(1) Tome 2, page 34, nº 16.

(2) Ainsi conçu : « Le temps de travail exigé par les articles précédens devra être un tiers en sus toutes les fois que l'aspirant, ayant travaillé chez un notaire d'une classe inférieure, se présentera pour remplir une place d'une classe immédiatement supérieure. »

remplir. Quel que soit donc le nombre d'années que l'on ait travaillé dans une étude d'une classe inférieure, il faut, pour être admis dans une classe supérieure, justifier d'une année de travail dans une étude de cette classe en qualité de premier clerc. »

- Voilà, je crois, le véritable esprit de la loi, conforme à la lettre des articles précités.

- En effet, il est évident que les affaires sont plus importantes, plus multipliées, et présentent de bien autres difficultés dans certaines localités que dans d'autres; ainsi les grandes villes, à cause de la population et de la diversité des transactions... Aussi a-t-on rangé dans la première classe les études qui se trouvent dans le chef-lieu d'une Cour royale. En général, on a fait une bonne classification sous ce rapport.

De sorte que, pour les jeunes gens attachés à ces études, s'ils sont intelligens, laborieux, et s'ils travaillent sous la direction d'un bon patron, l'instruction est aussi facile que rapide.

Tandis que dans de petites localités, où les affaires se traitent avec moins de soin, offrent beaucoup moins de difficultés, et sont d'un ordre moins élevé, les progrès sont lents et même bornés. Il y a beaucoup d'études de notaires où jamais on ne fait de liquidations un peu compliquées ; et pourtant, c'est un travail qui est vraiment la pierre de touche des clercs; c'est l'effroi des débutans, le désespoir des intelligences étroites, et la honte de ceux qui sont forcés d'avouer leur impuissance à cet égard. Je le sais par expérience personnelle, l'instruction que l'on croit acquérir dans certaines études équivaut à l'ignorance, et nuit beaucoup plus qu'elle ne sert : car on y contracte de mauvaises habitudes, et ensuite il est plus difficile de s'en défaire que d'en acquérir de bonnes. Ce n'est pas précisément la faute des patrons, mais bien le résultat d'une influence due à la mauvaise manière d'y traiter les affaires ; pour ne point choquer d'anciens usages. La théorie ne peut être bonne qu'autant qu'elle sert à appuyer la pratique, et, quand les occasions d'application manquent, c'est alors de la théorie stérile et fugitive.

Or, je le demande, la jurisprudence suivie au ministère remplit-elle le vœu du législateur ? Evidemment non : car jamais la quantité de stage ne pourra remplacer la *qualité*. On a beau additionner des années infructueuses avec d'autres années infructueuses sous le rapport du travail et de l'instruction, on aura toujours pour total l'*ignorance*, vraie lèpre notariale.

La considération d'un notaire est en raison directe de sa science et de sa probité. Il faut donc, dans l'intérêt même du notariat, que les garanties de sa capacité soient certaines.

Hé bien! non seulement le stage n'est pas une ga-

rantie, mais encore, chose étrange, le stage lui-
même n'est pas garanti.

À la vérité, l'article 35 de la loi du 25 ventôse an
11 veut bien que l'on justifie du temps de travail;
mais rien ne répond de la sincérité de cette justification, puisque rien ne prouve que les certificats de
stage attestent un fait vrai. Ils peuvent être délivrés
par complaisance, au moins pour une partie du temps
exigé, et alors la loi se trouve éludée sous ce rapport.
Ceci n'est pas une supposition purement gratuite....;
d'ailleurs la loi ne doit jamais sciemment laisser une
porte ouverte à la fraude.

On concevra sans peine que de tels certificats
soient demandés et puissent être délivrés, si l'on
songe au peu d'importance que beaucoup de personnes attachent à une solide instruction notariale. Avec
une certaine élasticité de conscience, on arrive à se
persuader qu'il n'y a là nul inconvénient, parce
que l'on ne pense pas qu'un mensonge de ce genre
puisse nuire à qui que ce soit; on ne pense pas à tous
les désastres qui en peuvent être les conséquences
éloignées : et de fait, c'est bien ce dont on s'occupe
le moins. Dans les examens, la capacité est comptée
pour bien peu; même dans l'étude, elle n'excite pas
beaucoup de sollicitude. Un notaire a bien osé me dire
qu'il ne fallait pas trop hâter le développement intel-
lectuel des clercs, parce qu'on était abandonné plus
vite, et que, après tout, on se créait ainsi des rivaux!!!

Quoiqu'il en soit, puisque le stage est la seule présomption d'instruction chez les candidats, il serait
désirable que, à l'instar de ce qui se pratique à Paris,
des registres destinés à constater le stage des clercs
fussent tenus par les soins du secrétaire de chaque
chambre de discipline.

On y inscrirait l'entrée et la sortie de chaque clerc
attaché à une étude de notaire; et cela dans un court
délai, passé lequel le stage ne pourrait plus être
compté faute d'inscription; et le secrétaire délivrerait
des extraits de ces registres pour remplacer les certificats que l'on retire des notaires chez lesquels on a
travaillé.

De cette façon, on ne pourrait rien dérober au
nombre d'années déterminées par la loi pour com-
poser un stage complet, tandis que l'absence d'une
mesure si simple et si facile à mettre en pratique
peut avoir les plus funestes résultats. Et ici, nous ne
nous occupons pas des susceptibilités qui voudraient
mettre en avant la délicatesse et la bonne foi : elles
ne peuvent se trouver blessées par une précaution
qui tend à faire disparaître un moyen de fraude possible.

Ces réflexions sont aussi insérées au Journal de
Jurisprudence du Notariat, tome 9, pages 273 et
suiv.

LOI ORGANIQUE

DU

NOTARIAT.

DU 25 VENTOSE AN 11.

TITRE PREMIER.

Des Notaires et des Actes notariés.

SECTION PREMIÈRE.

Des Fonctions, Ressort et Devoirs des Notaires.

Article 1er. Les notaires sont les fonctionnaires publics établis pour recevoir tous les actes et contrats auxquels les parties doivent ou veulent faire donner le caractère d'authenticité attaché aux actes de l'autorité publique, et pour en assurer la date, en conserver le dépôt, en délivrer des grosses et expéditions.

2. Ils sont institués à vie.

3. Ils sont tenus de prêter leur ministère lorsqu'ils en sont requis.

4. Chaque notaire devra résider dans le lieu qui lui sera fixé par le gouvernement. En cas de contravention, le notaire sera considéré comme démissionnaire; en conséquence, le grand juge, ministre de la justice, après avoir pris l'avis du tribunal, pourra proposer au gouvernement le remplacement.

5. Les notaires exercent leurs fonctions, savoir : ceux des villes où est établi le tribunal d'appel, dans l'étendue du ressort de ce tribunal;

Ceux des villes où il n'y a qu'un tribunal de première instance, dans l'étendue du ressort de ce tribunal;

Ceux des autres communes, dans l'étendue du ressort du tribunal de paix.

6. Il est défendu à tout notaire d'instrumenter hors de son ressort, à peine d'être suspendu de ses fonctions pendant trois mois, d'être destitué en cas de récidive, et de tous dommages-intérêts.

7. Les fonctions de notaire sont incompatibles avec celles de juges, commissaires du gouvernement près les tribunaux, leurs substituts, greffiers, avoués, huissiers, préposés à la recette des contributions directes et indirectes, juges, greffiers et huissiers des justices de paix, commissaires de police et commissaires aux ventes.

SECTION II.

Des Actes, de leur forme; des Minutes, Grosses, Expéditions et Répertoires.

8. Les notaires ne pourront recevoir des actes dans lesquels leurs parens ou alliés, en ligne directe à tous les degrés, et en collatérale jusqu'au degré d'oncle ou de neveu inclusivement, seraient parties, ou qui contiendraient quelque disposition en leur faveur.

9. Les actes seront reçus par deux notaires, ou par un notaire assisté de deux témoins, citoyens français, sachant signer, et domiciliés dans l'arrondissement communal où l'acte sera passé.

10. Deux notaires parens ou alliés au degré prohibé par l'article 8, ne pourront concourir au même acte.

Les parens, alliés, soit du notaire, soit des parties contractantes, au degré prohibé par l'article 8, leurs clercs et leurs serviteurs, ne pourront être témoins.

11. Le nom, l'état et la demeure des parties devront être connus des notaires, ou leur être attestés dans l'acte par deux citoyens connus d'eux, ayant les mêmes qualités que celles requises pour être témoin instrumentaire.

12. Tous les actes doivent énoncer le nom et le lieu de résidence du notaire qui les reçoit, à peine

de cent francs d'amende contre le notaire contrevenant.

Ils doivent également énoncer les noms des témoins
instrumentaires, leur demeure, le lieu, l'année et le
jour où les actes sont passés, sous les peines prononcées par l'article 68 ci-après, et même de faux, si le
cas y échoit.

13. Les actes des notaires seront écrits en un seul
et même contexte, lisiblement, sans abréviation,
blancs, lacune ni intervalle; ils contiendront les noms,
prénoms, qualités et demeures des parties, ainsi que
des témoins qui seraient appelés dans le cas de l'article 11; ils énonceront en toutes lettres les sommes
et les dates; les procurations des contractans seront
annexées à la minute, qui fera mention que lecture
de l'acte a été faite aux parties : le tout à peine de
cent francs d'amende contre le notaire contrevenant.

14. Les actes seront signés par les parties, les témoins et notaires, qui doivent en faire mention à la
fin de l'acte.

Quant aux parties qui ne savent ou ne peuvent
signer, le notaire doit faire mention, à la fin de l'acte,
de leurs déclarations à cet égard.

15. Les renvois et apostilles ne pourront, sauf
l'exception ci-après, être écrits qu'en marge; ils
seront signés ou paraphés tant par les notaires, que
par les autres signataires; à peine de nullité des ren-

vois et apostilles Si la longueur du renvoi exige qu'il soit transporté à la fin de l'acte, il devra être non seulement signé ou paraphé comme les renvois écrits en marge ; mais encore expressément approuvé par les parties, à peine de nullité du renvoi.

16. Il n'y aura ni surcharge, ni interligne, ni addition dans le corps de l'acte ; et les mots surchargés, interlignés ou ajoutés, seront nuls. Les mots qui devront être rayés le seront de manière que le nombre puisse en être constaté à la marge de la page correspondante, ou à la fin de l'acte, et approuvés de la même manière que les renvois écrits en marge ; le tout à peine d'une amende de cinquante francs contre le notaire, ainsi que de tous dommages-intérêts, même de destitution en cas de fraude.

17. Le notaire qui contreviendra aux lois et aux arrêtés du gouvernement concernant les noms et qualifications supprimées, les clauses et expressions féodales, les mesures et l'annuaire de la république, ainsi que la numération décimale, sera condamné à une amende de cent francs, qui sera double en cas de récidive.

18. Le notaire tiendra exposé, daus son étude, un tableau sur lequel il inscrira les noms, prénoms, qualités et demeures des personnes qui, dans l'étendue du ressort où il peut exercer, sont interdites et assistées d'un conseil judiciaire, ainsi que la mention des jugemens relatifs ; le tout immédiatement après la

notification qui en aura été faite, et à peine de dommages-intérêts des parties.

19. Tous actes notariés feront foi en justice, et seront exécutoires dans toute la république.

Néanmoins, en cas de plainte en faux principal, l'exécution de l'acte argué de faux sera suspendue par la déclaration du jury d'accusation prononçant qu'il y a lieu à accusation : en cas d'inscription de faux faite incidemment, les tribunaux pourront, suivant la gravité des circonstances, suspendre provisoirement l'exécution de l'acte.

20. Les notaires seront tenus de garder minute de tous les actes qu'ils recevront.

Ne sont néanmoins compris dans la présente disposition, les certificats de vie, procurations, actes de notoriété, quittances de fermages, de loyers, de salaires, arrérages de pensions et rentes, et autres actes simples, qui, d'après les lois, peuvent être délivrés en brevet.

21. Le droit de délivrer des grosses et des expéditions n'appartiendra qu'au notaire possesseur de la minute; et néanmoins tout notaire pourra délivrer copie d'un acte qui lui aura été déposé pour minute.

22. Les notaires ne pourront se dessaisir d'aucune minute, si ce n'est dans les cas prévus par la loi, et en vertu d'un jugement.

Avant de s'en dessaisir, ils en dresseront et signeront une copie figurée, qui, après avoir été certifiée par le président et le commissaire du tribunal civil de leur résidence, sera substituée à la minute, dont elle tiendra lieu jusqu'à réintégration.

23. Les notaires ne pourront également, sans l'ordonnance du président du tribunal de première instance, délivrer expédition, ni donner connaissance des actes à d'autres qu'aux personnes intéressées en nom direct, héritiers ou ayant-droit, à peine des dommages-intérêts, d'une amende de cent francs, et d'être, en cas de récidive, suspendus de leurs fonctions pendant trois mois; sauf néanmoins l'exécution des lois et réglemens sur le droit d'enregistrement, et de celles relatives aux actes qui doivent être publiés dans les tribunaux.

24. En cas de compulsoire, le procès-verbal sera dressé par le notaire dépositaire de l'acte, à moins que le tribunal qui l'ordonne ne commette un de ses membres, ou tout autre juge, ou un autre notaire.

25. Les grosses seules seront délivrées en forme exécutoires; elles seront intitulées et terminées dans les mêmes termes que les jugemens des tribunaux.

26. Il doit être fait mention sur la minute de la délivrance d'une première grosse faite à chacune des parties intéressées; il ne peut lui en être délivré d'autre, à peine de destitution, sans une ordonnance du président du tribunal de première instance, laquelle demeurera jointe à la minute.

27. Chaque notaire sera tenu d'avoir un cachet ou

sceau particulier, portant ses nom, qualité et résidence, et d'après un modèle uniforme, le type de la
république française.

Les grosses et expéditions des actes porteront
l'empreinte de ce cachet.

28. Les actes notariés seront légalisés, savoir : ceux
des notaires à la résidence des tribunaux d'appel,
lorsqu'on s'en servira hors de leur ressort; et ceux
des autres notaires, lorsqu'on s'en servira hors de
leur département.

La légalisation sera faite par le président du tribunal de première instance de la résidence du notaire,
où du lieu où sera délivré l'acte ou l'expédition.

29. Les notaires tiendront répertoire de tous les
actes qu'ils recevront.

30. Les répertoires seront visés, cotés et paraphés
par le président, ou, à son défaut, par un autre juge
du tribunal civil de la résidence; ils contiendront la
date, la nature et l'espèce de l'acte, les noms des
parties et la relation de l'enregistrement.

TITRE II.

Régime du Notariat.

SECTION PREMIÈRE.

Nombre, Placement et Cautionnement des Notaires:

31. Le nombre des notaires pour chaque départe-

ment, leur placement et résidence seront déterminés par le gouvernement, de manière, 1° que dans
les villes de cent mille habitans et au-dessus, il y ait
un notaire, au plus, par six mille habitans; 2° que
dans les autres villes, bourgs ou villages, il y ait deux
notaires au moins ou cinq au plus, par chaque arrondissement de justice de paix.

32. Les suppressions ou réductions de places ne
seront effectuées que par mort, démission ou destitution.

33. Les notaires exercent sans patentes; mais ils
sont assujettis à un cautionnement fixé par le gouvernement d'après les bases ci-après, et qui sera spécialement affecté à la garantie des condamnations prononcées contre eux par suite de l'exercice de leurs
fonctions.

Lorsque, par l'effet de cette garantie, le montant
du cautionnement aura été employé en tout ou en
partie, le notaire sera suspendu de ses fonctions jusqu'à ce que le cautionnement ait été entièrement
rétabli; et faute par lui de rétablir, dans les six mois,
l'intégralité du cautionnement, il sera considéré
comme démissionnaire, et remplacé.

34. Le cautionnement sera fixé par le gouvernement, en raison combinée du ressort et résidence de
chaque notaire, d'après un minimum et un maxi-
mum, suivant le tableau ci-après, savoir :

ET RESIDENCES	POUR LES NOTAIRES DES RESSORTS					
	DE TRIBUNAUX d'appel.		DE TRIBUNAUX de 1re instance.		DE JUSTICES de paix.	
	DROITS.		DROITS.		DROITS.	
	MINIMUM.	MAXIMUM.	MINIMUM.	MAXIMUM.	MINIMUM.	MAXIMUM.
au-dessous de 5000 hab.	»	»	1,000 fr.	1,500 fr.	500 fr.	800 fr.
de 5,000 à 10,000	2,000 fr.	2,500 fr.	1,500	1,800	800	1,000
de 10,000 à 25,000	2,500	3,200	1,800	2,200	1,000	1,400
de 25,000 à 50,000	3,200	3,800	2,200	2,800	1,400	2,000
de 50,000 à 75,000	3,800	4,400	2,800	3,400	»	»
de 75,000 à 100,000	4,400	5,000	3,400	4,000	»	»
de 100,000 et au-dessus	»	6,000	»	»	»	»
de Paris	«	12,000	»	»	»	»

Ces cautionnemens seront versés, remboursés, et les intérêts payés conformément aux lois sur les cautionnemens, sous la déduction de tous versemens antérieurs.

SECTION II.

Conditions pour être admis, et mode de nomination au Notariat.

35. Pour être admis aux fonctions de notaire, il faudra,

1° Jouir de l'exercice des droits de citoyen;

2° Avoir satisfait aux lois sur la conscription militaire;

3° Être âgé de vingt-cinq ans accomplis;

4° Justifier du temps de travail prescrit par les articles suivans.

36. Le temps du travail ou stage sera, sauf les exceptions ci-après, de six années entières et non interrompues, dont une des deux dernières, au moins, en qualité de premier clerc chez un notaire d'une classe égale à celle où se trouvera la place à remplir.

37. Le temps de travail pourra n'être que de quatre années, lorsqu'il en aura été employé trois dans l'étude d'un notaire d'une classe supérieure à la place qui devra être remplie, et lorsque, pendant la quatrième, l'aspirant aura travaillé en qualité de premier clerc

chez un notaire d'une classe supérieure ou égale à celle où se trouvera la place pour laquelle il se présentera.

38. Le notaire déjà reçu, et exerçant depuis un an dans une classe inférieure, sera dispensé de toute justification de stage, pour être admis à une place de notaire vacante dans une classe immédiatement supérieure.

39. L'aspirant qui aura travaillé pendant quatre ans, sans interruption, chez un notaire de première ou de seconde classe, et qui aura été, pendant deux ans au moins, défenseur ou avoué près d'un tribunal civil, pourra être admis dans une des classes où il aura fait son stage, pourvu que, pendant l'une des deux dernières années de son stage, il ait travaillé en qualité de premier clerc chez un notaire d'une classe égale à celle où se trouvera la place à remplir.

40. Le temps de travail exigé par les articles précédens devra être d'un tiers en sus, toutes les fois que l'aspirant, ayant travaillé chez un notaire d'une classe inférieure, se présentera pour remplir une place immédiatement supérieure.

41. Pour être admis à exercer dans la troisième classe des notaires, il suffira que l'aspirant ait travaillé pendant trois années chez un notaire de première ou seconde classe, ou qu'il ait exercé, comme défenseur ou avoué, pendant l'espace de deux années, auprès d'un tribunal d'appel ou de première instance, et

I I

qu'en outre il ait travaillé pendant un an chez un notaire.

42. Le gouvernement pourra dispenser de la justi-fication du temps d'études, les individus qui auront exercé des fonctions administratives ou judiciaires.

43. L'aspirant demandera à la chambre de disci-pline du ressort dans lequel il devra exercer un cer-tificat de moralité et de capacité. Le certificat ne pourra être délivré qu'après que la chambre aura fait parvenir au commissaire du gouvernement du tri-bunal de première instance l'expédition de la déli-bération qui l'aura accordé.

44. En cas de refus, la chambre donnera un avis motivé, et le communiquera au commissaire du gou-vernement, qui l'adressera au grand-juge, avec ses observations.

45. Les notaires seront nommés par le premier consul, et obtiendront de lui une commission qui énoncera le lieu fixe de la résidence.

46. Les commissions de notaire seront, dans leur intitulé, adressées au tribunal de première instance, dans le ressort duquel le pourvu aura sa résidence.

47. Dans les deux mois de sa nomination, et à peine de déchéance, le pourvu sera tenu de prêter, à l'au-dience du tribunal auquel la commission aura été adressée, le serment que la loi exige de tout fonc-tionnaire public, ainsi que celui de remplir ses fonc-tions avec exactitude et probité.

Il ne sera admis à prêter serment qu'en représentant l'original de sa commission et la quittance du versement de son cautionnement.

Il sera tenu de faire enregistrer le procès-verbal de la prestation de serment au secrétariat de la municipalité du lieu où il devra résider, et aux greffes de tous les tribunaux dans le ressort desquels il doit exercer.

48. Il n'aura le droit d'exercer qu'à compter du jour où il aura prêté serment.

49. Avant d'entrer en fonctions, les notaires devront déposer au greffe de chaque tribunal de première instance de leur département, et au secrétariat de la municipalité de leur résidence, leur signature et paraphe.

Les notaires à la résidence des tribunaux d'appel feront, en outre, ce dépôt aux greffes des autres tribunaux de première instance de leur ressort.

SECTION III.

Chambre de discipline.

50. Les chambres qui seront établies pour la discipline intérieure des notaires, seront organisées par des réglemens.

51. Les honoraires et vacations des notaires seront réglés à l'amiable entre eux et les parties, sinon par

lc tribunal civil de la résidence du notaire, sur l'avis de la chambre, et sur simple mémoire, sans frais.

52. Tout notaire suspendu, destitué ou remplacé, devra, aussitôt après la notification qui lui aura été faite de sa suspension, de sa destitution, ou de son remplacement, cesser l'exercice de son état, à peine de tous dommages et intérêts, et des autres condamnations prononcées par les lois contre tout fonctionnaire suspendu ou destitué qui continue l'exercice de ses fonctions.

Le notaire suspendu ne pourra les reprendre, sous les mêmes peines, qu'après la cessation du temps de la suspension.

53. Toutes suspensions, destitutions, condamnations d'amende et dommages-intérêts seront prononcées contre les notaires par le tribunal civil de leur résidence à la poursuite des parties intéressées, ou d'office, à la poursuite et diligence du commissaire du gouvernement.

Ces jugemens seront sujets à l'appel, et exécutoires par provision, excepté quant aux condamnations pécuniaires.

SECTION IV.

Garde, Transmission, Tables des Minutes, et Recouvremens.

54. Les minutes et répertoires d'un notaire rem-

placé, ou dont la place aura été supprimée, pourront être remis par lui ou par ses héritiers à l'un des notaires résidant dans la même commune, ou à l'un des notaires résidant dans le même canton, si le remplacé était le seul notaire établi dans la commune.

55. Si la remise des minutes et répertoires du notaire remplacé n'a pas été effectuée, conformément à l'article précédent, dans le mois, à compter du jour de la prestation du serment du successeur, la remise en sera faite à celui-ci.

56. Lorsque la place de notaire sera supprimée, le titulaire ou ses héritiers seront tenus de remettre les minutes et répertoires dans le délai de deux mois, du jour de la suppression, à l'un des notaires de la commune, ou à l'un des notaires du canton, conformément à l'article 54.

57. Le commissaire du gouvernement près le tribunal de première instance est chargé de veiller à ce que les remises ordonnées par les articles précédens soient effectuées; et dans le cas de suppression de la place, si le titulaire ou ses héritiers n'ont pas fait choix, dans les délais prescrits, du notaire à qui les minutes et répertoires devront être remis, le commissaire indiquera celui qui en demeurera dépositaire.

Le titulaire, ou ses héritiers, en retard de satisfaire aux dispositions des articles 55 et 56, seront condamnés à cent francs d'amende par chaque mois de

retard, à compter du jour de la sommation qui leur
aura été faite d'effectuer la remise.

58. Dans tous les cas, il sera dressé un état som-
maire des minutes remises, et le notaire qui les recevra s'en chargera au pied de cet état, dont un double
sera remis à la chambre de discipline.

59. Le titulaire ou ses héritiers, et le notaire qui
recevra les minutes, aux termes des articles 54, 55
et 56, traiteront de gré à gré des recouvremens à
raison des actes dont les honoraires sont encore dus,
et du bénéfice des expéditions.

S'ils ne peuvent s'accorder, l'appréciation en sera
faite par deux notaires dont les parties conviendront,
ou qui seront nommés d'office parmi les notaires de
la même résidence, ou, à leur défaut, parmi ceux de
la résidence la plus voisine.

60. Tous dépôts de minutes, sous la dénomination
de chambres de contrats, bureaux de tabellionage,
et autres, sont maintenus à la garde de leurs posses-
seurs actuels. Les grosses et expéditions ne pourront
en être délivrées que par un notaire de la résidence
des dépôts, ou, à défaut, par un notaire de la résidence la plus voisine.

Néanmoins, si lesdits dépôts de minutes ont été
remis au greffe d'un tribunal, les grosses et expéditions pourront, dans ce cas seulement, être délivrées
par le greffier.

61. Immédiatement après le décès du notaire ou

autre possesseur des minutes, les minutes et répertoires seront mis sous les scellés par le juge de paix
de la résidence, jusqu'à ce qu'un autre notaire en ait
été provisoirement chargé par ordonnance du président du tribunal de la résidence.

TITRE III.

Des Notaires actuels.

62. Sont maintenus définitivement tous les notaires
qui, au jour de la promulgation de la présente loi,
seront en exercice.

63. Sont maintenus définitivement tous les notaires
qui, au jour de la promulgation de la présente loi,
n'ayant point été remplacés n'auraient interrompu
l'exercice de leurs fonctions, ou n'auraient été em-
pêchés d'y entrer que pour cause, soit d'incompati-
bilité, soit de service militaire.

64. Tous lesdits notaires exerceront, ou continue-
ront d'exercer leurs fonctions, et conserveront rang
entre eux, suivant la date de leurs réceptions respectives.

Mais ils seront tenus, dans les trois mois du jour
de la publication de la présente loi,

1° De remettre au greffe du tribunal de première
instance de leur résidence, ou sur un récépissé du

greffier, tous les titres et pièces concernant leurs précédentes nomination et réception;

2° De se pourvoir, avec récépissé, auprès du gouvernement, à l'effet d'obtenir du premier consul une commission confirmative, dans laquelle seront rappelés la date de leurs nomination et réception primitives, ainsi que le lieu fixe de leur résidence.

65. Dans les deux mois qui suivront la délivrance de cette commission, chacun desdits notaires sera tenu de prêter le serment prescrit par l'article 47, et de se conformer aux dispositions de l'article 49 pour le dépôt des signature et paraphe.

Le présent article et le précédent seront exécutés à peine de déchéance.

66. Les notaires qui réunissent des fonctions incompatibles seront tenus, dans les trois mois du jour de la publication de la présente loi, de faire leur option, et d'en déposer l'acte au greffe du tribunal de première instance de leur résidence; sinon, ils seront considérés comme ayant donné leur démission de l'état de notaire, et remplacés; et dans les cas où ils continueraient à l'exercer, ils encourront les peines pronocées par l'article 52.

67. A compter du jour de leur option, ils auront un délai de trois mois pour obtenir la commission du premier consul, et pour remplir les formalités prescrites aux articles 47· et 49; le tout sous les mêmes peines.

DISPOSITIONS GÉNÉRALES.

68. Tout acte fait en contravention aux disposi-tons contenues aux articles 6, 8, 9, 10, 14, 20, 52, 64, 65, 66 et 67, est nul, s'il n'est pas revêtu de la signature de toutes les parties; et lorsque l'acte sera revêtu de la signature de toutes les parties contrac-tantes, il ne vaudra que comme écrit sous siguature privée; sauf, dans les deux cas, s'il y a lieu, les dom-mages-intérêts contre le notaire contrevenant.

69. La loi du 6 octobre 1791, et toutes autres, sont abrogées en ce qu'elles ont de contraire à la pré-sente.

Mon cours de notariat ne se combine utilement avec la cléricature que sous certaines restrictions. Les élèves intelligens et studieux pourront, s'ils le suivent exclusivement, acquérir, dans un an, une instruction solide, variée, et devenir ainsi aptes à remplir l'im-portante fonction de notaire.

Mais il ne saurait en être de même des clercs sta-giaires. Obligés d'employer chaque jour huit heures au moins dans l'étude de leur patron, où apprenant, en général, moins de choses que de mots, l'habitude presque mécanique qu'ils contractent de mal formuler ce qu'ils ne peuvent bien concevoir, déposé dans leur mémoire une aveugle routine à laquelle il leur est, désormais, difficile d'échapper : un professeur, possédât-il au plus degré le grand art de l'enseignement, ne pourrait leur promettre des progrès très-rapides, et empêcher qu'il y eût en définitive, au lieu d'une somme élevée de connaissances, profonde ignorance, vraie lèpre notariale.

Les jeunes gens animés du désir d'arriver promptement à un heureux résultat, ne devraient donc pas hésiter à faire le sacrifice d'une année de stage.

La science, on le sait, ne s'inocule pas. Toutefois il est possible, sinon d'atteindre en peu de temps son apogée, d'apprendre au moins une forte partie de ses hautes vérités. Un vif amour du progrès, un zèle ardent et la méthode expéditive que j'ai créée ont déjà suffi pour en convaincre.

Étudier les principes, les démontrer, expliquer les actes relatifs au notariat, en analyser les élémens, après avoir signalé la source d'où ils découlent, en faire l'application dans la rédaction de ces actes, et porter souvent le flambeau de la critique sur certaines dispositions de nos lois qui paraissent difficiles à comprendre : telle est la marche que j'ai adoptée et que je suivrai avec une persévérance infatigable.

Le notariat est élevé à la dignité de la science. Il

intéresse éminemment la société. Le développement qu'il a reçu le laisse encore bien loin de la perfection. Il est sous tous ces rapports digne de la sollicitude spéciale du gouvernement, et mérite d'être encouragé. Aussi la loi organisatrice du 25 ventôse va-t-elle être revisée et obtenir les améliorations dont elle est susceptible. Ces heureuses innovations feront sans doute disparaître un mode d'éducation notariale irrationnel et incompatible avec le progrès.

FIN DU TOME PREMIER.

TABLE

DES

MATIÈRES.

Sur quels biens s'exerce-t-elle ? *ibid.*

Celle des mineurs, interdits et femmes mariées existe sans inscription, 15.

Les maris et les tuteurs doivent néanmoins l'inscrire, sous-peine d'être considérés comme stellionataires, *ibid.*

Et là loi elle-même, pour assurer l'exécution de cette mesure conservatoire, en appelle à la surveillance de quiconque prend intérêt à la femme ou au mineur, *ibid.*

Celle-là a hypothèque du jour du contrat de mariage pour sa dot et ses conventions matrimoniales, 94.

La femme majeure peut, dans l'acte qui règle les conditions civiles du mariage, restreindre son hypothèque, 16.

La loi autorise la même limitation dans l'intérêt du tuteur, *ibid.*

De telles restrictions laissent entière la responsabilité des maris, tuteurs et subrogés tuteurs, *ibid.*

Le tuteur qui donne une sécurité convenable à son pupille peut demander la réduction de l'hypothèque de celui-ci, *ibid.*

La femme peut pendant le mariage, de l'avis de quatre parens, et sous les auspices de la justice, réduire son hypothèque, *ibid.*

Hypothàque judiciaire.

Hypothèque conventionnelle.

Priviléges.

Définition du privilége, 2.

Le prix de l'avoir du débiteur se distribue au marc le franc, entre ses créanciers, s'il n'existe, à l'égard de quelques-uns, des motifs de préférence, 1.

Quels sont ces motifs? 2.

La faveur de la cause règle exclusivement la préférence, *ibid.*

Sont payés par concurrence les créanciers qui se trouvent au même rang, *ibid.*

Deux cessionnaires de parties d'une créance concourent ensemble, sans considérer l'ordre des dates, s'il n'y a clause contraire dans les actes de cession, *ibid.*

Le privilége relatif aux droits du trésor public s'organise et se régit par des lois spéciales, *ibid.*

Quelle est la loi régulatrice du privilége et de l'hypothèque établis en faveur du trésor royal sur les biens meubles et immeubles de ses receveurs ou administrateurs comptables? 3.

Les biens des agens du trésor de la couronne sont assujettis aux mêmes hypothèques que ceux de ces derniers, *ibid.*

Les immeubles du débiteur ne sont pas frappés du privilége du trésor, pour le recouvrement des contributions directes, *ibid.*

Ce privilége s'étend, quant à la contribution foncière, aux fruits et revenus des immeubles qui y sont soumis, *ibid.*

Il s'exerce, pour la contribution mobilière, sur les meubles des redevables, *ibid.*

Ainsi restreint, le même privilége est absolu, en ce sens qu'il absorbe tous les autres, *ibid.*

La circonstance que le privilége du trésor ne s'appesantit pas sur les immeubles des contribuables, fait assimiler ses droits à ceux d'un créancier ordinaire, tenu de venir en concurrence, *ibid.*

Un tel privilége peut-il être invoqué, pour droit de mutation par décès, sur les immeubles de la succession au détriment des créanciers inscrits avant son ouverture? 3 et 4.

Les priviléges existent sur les meubles ou sur les immeubles, *ibid.*

Ils sont généraux ou particuliers, *ibid.*

Quels sont les créanciers privilégiés sur la généralité des meubles? *ibid.*

Quels sont les priviléges sur certains meubles? 5.

Le privilége du propriétaire, pour le paiement de ses loyers, ne porte pas sur les objets qui ont été déposés aux mains de son locataire, si ce dernier ne lui a préalablement donné connaissance du dépôt, *ibid.*

Le cheptel donné au fermier, et non signifié, avant son introduction dans le bien amodié, est astreint

au privilége du propriétaire sur les objets garnissant la ferme, 6.

Le privilége du bailleur sur les meubles du locataire
a lieu, même en l'absence d'un bail, pour tous les
loyers échus, 6.

La cession faite par le propriétaire, dans le contrat
de bail d'un corps de domaine, au preneur de ses
droits contre des fermiers de parties de ce domaine, emporte-t-elle nécessairement renonciation aux priviléges résultant de sa qualité de bailleur ? 7. Le propriétaire peut-il, pour avoir
paiement des fermages à lui dus, frapper de saisie
les fruits des fermiers partiaires ? *ibid.* Ces fruits
sont-ils accessibles au privilége spécial du preneur, image du bailleur ? *ibid.*

A lieu, même en matière de commerce, le privilége
du vendeur sur le meuble vendu, lorsqu'il est
encore en la possession de l'acheteur, *ibid.*

En cas de vente mobilière entre marchands, le vendeur, s'il remplit les conditions exigées, peut, si
l'acheteur tombe en faillite, exercer non-seulement la revendication autorisée par le Code de
commerce, mais même son privilége, si l'acheteur a encore les effets à sa disposition. *ibid.*

Quels sont les priviléges sur les immeubles ? 8.

Quels sont les créanciers qui ont la double prérogative d'exercer privilégiément leurs droits sur
les meubles et immeubles ? *ibid.*

Comment se conservent les priviléges ? 9 et 10.

Le privilége dégénère-t-il, faute d'inscription, en hypothèque qui, à l'égard des tiers, ne prendra rang que du jour de l'inscription? *ibid.*

Quel est l'effet de la clause insérée dans le contrat de vente, et portant que l'acquéreur ferait, avant toute aliénation, transcrire son titre, pour valoir inscription du privilége du vendeur?

L'inscription du privilége de vendeur qui précède ou suit la transcription dans la quinzaine, a un effet rétroactif, au préjudice des créanciers intermédiaires de l'acheteur, à la date du contrat aliénatoire, 11.

Inscription du Privilége et de l'Hypothèque.

Où l'inscription doit-elle avoir lieu? 17.

Elle précède de dix jours au moins l'ouverture de la faillite du débiteur, *ibid.*

On ne peut s'inscrire contre une succession acceptée sous bénéfice d'inventaire, *ibid.*

Deux inscriptions formées le même jour donnent droit au même rang, encore que l'une ait été requise le matin, et l'autre le soir, *ibid.*

Le législateur nous a gratifié d'un formulaire d'inscription d'hypothèque ordinaire, formulaire qu'on s'est permis de compléter, en ajoutant au frontispice ces mots : « l'acte sous seing privé, » 17 et 18.

Cette addition se vérifie logiquement par une série multipliée de dispositions explicites qu'il convient de relever de la désuétude où elles sont tombées, XI, 20, 21, 22, 23, 24, 25, 26, 27, 28, 29, 30, 31 et 32.

Les élémens d'édification du bordereau d'inscription d'hypothèque légale sont aussi présentés par le législateur; ils se balancent, s'enchaînent et se coordonnent admirablement, 19.

L'inscription non rénovée dans les dix ans de sa date est frappée d'annihilation complète, *ibid*.

Le privilége résultant d'un acte de vente sous seing privé peut être inscrit, encore qu'il n'y ait pas eu transcription, et que les signatures dont cet acte est couvert ne soient pas préalablement reconnues, 21.

Le vendeur peut s'inscrire pour dix années d'intérêt, *ibid*.

Il devrait, même sans inscription, être colloqué pour cet intérêt, 22.

Le créancier armé d'un acte de partage même non doué de l'authencité, est apte à s'inscrire, 22 et 23.

Le communiste a le même privilége que le cohéritier; et il peut l'inscrire à l'ombre de l'acte d'écriture privée qui a mis fin à l'indivision, 24.

L'inscription du privilége relatif à la séparation du patrimoine du défunt d'avec celui de son héritier peut être requise par un créancier chirographaire, 26.

Produit-elle son effet même relativement aux immeubles qui ne sont plus en la possession de l'héritier ? *ibid.*

L'inscription peut avoir lieu sous la foi d'un acte privé hypothécaire *reconnu* et déposé ultérieurement chez un notaire, 28 et 29.

Inscription formulée en vertu d'un billet à ordre, 30.

Idem requise à l'aide d'un acte administratif dont l'effet est réglé par des lois spéciales, 30, 31 et 32.

Un créancier peut, en exerçant les droits de son débiteur, réquérir l'inscription que celui-ci ne prend pas lui-même : il procéderait irrégulièrement s'il la formait en son nom personnel, 33 et 34.

On ne peut prendre inscription en vertu d'un jugement rendu sur une demande en reconnaissance d'obligation inauthentique qu'après l'échéance, s'il n'y a clause contraire dans le titre constitutif de la créance, 35.

L'inscription d'une créance grevée d'usufruit doit être prise par le nu propriétaire et l'usufruitier, chacun pour ce qui le concerne, 36.

L'inscription faite par le propriétaire d'une rente viagère stipulée réversible sur la tête d'un autre, ne profite pas à celui-ci, 38.

Le vendeur sur licitation ne conserve pas son privilége par l'inscription prise d'office en cas de transcription du contrat par le conservateur, 40.

Il en serait autrement si l'adjudication était faite à un étranger; car alors l'article 2108 recevrait son application, *ibid.*

Lorsque l'acte qui intervient entre cohéritiers fait cesser l'indivision, *celui qu'il constitue créancier* est obligé de prendre *lui-même inscription*, 39.

Le cohéritier ou copartageant pourrait-il, à défaut de paiement, demander la résolution du partage ou de la licitation? 40.

Le bailleur de fonds pour l'acquisition d'un domaine profite, bien que subrogé postérieurement à la vente, du bénéfice de l'inscription faite par le vendeur, ou d'office par le préposé hypothécaire; cependant s'il est bien conseillé il n'hésitera pas à inscrire lui-même, 42.

Il arriverait au même résultat par la notification ou remise, faite au conservateur, de la quittance du créancier contenant subrogation, *ibid.*

L'inscription opérée à la diligence du cédant peut être renouvelée par le cessionnaire, en son privé nom, à l'appui d'un acte sous seing privé, 44 et 45.

Si la cession a précédé l'inscription, c'est le cession-naire lui-même qui doit inscrire, 45.

Le titre du cédant suffit pour opérer l'inscription; il n'est pas nécessaire d'énoncer la cession, *ibid.*

Le créancier n'a pas droit de suite sur l'indemnité promise à l'assuré en cas de sinistre, 47

Le créancier ayant hypothèque sur un immeuble
indivis s'opposera, s'il est bien inspiré, pour assurer la réalisation de son droit de suite, à ce qu'il
soit procédé, hors de sa présence, au partage ou
à la licitation de cet immeuble, 48 et 49.

Le créancier qui reçoit en paiement des billets ne fait
pas pour cela novation : l'obligation *continue* de
subsister jusqu'à l'acquittement des effets, et
peut, par conséquent, servir de *base à l'inscrip-*
tion, 5o et 5ı

Lorsque le débiteur a laissé à son décès des aïeuls et
un frère pour parens plus proches, et un légataire *universel,* le créancier doit prendre inscription contre celui-ci, 54 et 55.

Le créancier n'a aucun motif, même spécieux, d'inscrire à la charge du grand père de l'obligé, s'il
existe une disposition universelle et des frères ou
sœurs, les ascendans à un degré supérieur n'ayant
pas, en pareil cas, droit à la réserve légale, 55.

Le mandat de consentir hypothèque et le contrat
hypothécaire étant deux choses distinctes, on
peut inscrire, bien que le souscripteur de cet acte
ait procédé en vertu d'une procuration sous signature privée, 56 et 57.

Le vendeur souscrit-il une obligation indéfinie de
garantie ? Alors l'acquéreur est fondé à prendre
inscription sur l'immeuble qui lui est spécialement affecté, *n'importe* que cet immeuble ait

purgé, et qu'aucune chance d'éviction du chef des
créanciers de l'aliénateur ne puisse désormais se
réaliser, 59.

Le titulaire d'une obligation au porteur doit inscrire
lui-même : serait nulle l'inscription que prendrait
le notaire dans l'intérêt du porteur, sans autre
indication de ses nom, domicile et profession,
60.

L'emphytéose est maintenant, comme jadis, passible
d'hypothèque, conséquemment d'inscription, 61.

Le créancier devenu propriétaire de l'immeuble hypothéqué n'est pas dispensé du renouvellement
de son inscription, 62.

La clause portant que la créance de l'acquéreur se
compenserait avec le prix stipulé, laisserait subsister dans toute son intensité l'obligation de renouveler la mesure conservatoire, *ibid.*

La rénovation décennale doit s'effectuer sur le débiteur originaire, et non sur l'acquéreur, 62 et 63.

L'obligation de renouveler continue de subsister après
la faillite du débiteur, 63 et 64.

Cette obligation ne cesse pas même par l'acceptation
d'une succession sous bénéfice d'inventaire : elle
n'est point, en ce cas, censée avoir consommé
son effet légal, 65.

L'hypothèque existant sur la part de l'un des copropriétaires ne s'étend pas aux portions collectives
des *autres*, bien qu'au résultat d'une licitation le

débiteur obtienne la totalité de l'*immeuble indi-vis*, 66.

Le créancier qui transporte ses droits avec stipulation que le contrat sera résolu en cas d'inexécution, a *intérêt* à inscrire en son nom individuel, 68.

L'inscription, pour garantie d'une dot, rétroagit à la date du contrat notarié, précurseur du mariage, 72.

L'immeuble que le mari a vendu depuis la célébration de l'union conjugale se trouve sous le coup de l'hypothèque légale, et, par suite, accessible à l'inscription elle-même, l'aliénation remontât-elle à trente ans, *ibid.*

Il faudrait, pour que cette hypothèque eût pour point de départ la date du mariage contracté devant l'officier public de l'état civil, que les époux n'eussent pas passé de contrat, 74.

La mineure nubile peut-elle, avec l'assistance de ceux dont le consentement lui est nécessaire pour disposer de sa main, assigner, par l'acte public régulateur des conventions matrimoniales, des limites à son hypothèque légale? 73.

La femme d'un commerçant n'a hypothèque que sur les immeubles que celui-ci possédait lors du mariage, 75 et 76.

Le mari peut lui hypothéquer les biens qui lui sont advenus postérieurement, *ibid.*

L'hypothèque de droit du mineur sur les biens de sa

mère ne cesse pas d'exister par cela seul que
cette dernière perd la tutelle légale en se rema-.
riant sans convocation préalable du conseil de
famille, 77.

Elle s'étend aussi aux immeubles du mari, si, en fait,
il gère la tutelle indûment conservée, *ibid.*

Elle existe même à raison de la gestion antérieure au
mariage, 78.

Elle protége les créances que le *mineur* avait sur sa
tutrice avant l'ouverture de la tutelle, *ibid.*

On ne peut assimiler le père administrateur légal au
tuteur. Ainsi, l'enfant mineur dont il a régi les
biens n'a point d'hypothèque pour sûreté de la
gestion, 79.

L'émancipation acquise par le mariage conserve son
effet à l'égard du mineur *devenu* veuf avant sa majorité. Il n'y a donc ni tutelle ni hypothèque de
droit, 80.

Si le créancier qui n'a que soixante jours pour satisfaire aux prescriptions de la loi sur la divulgation
du droit réel, sauvegarde de la dette, se montre
atteint de somnolence et se laisse gagner de vitesse
par un autre moins invigilant, ou si l'hypothèque
rivale est indépendante de la publicité, son privilége disparaît pour faire place à une hypothèque
destinée à avoir, pour principe ou point initial
unique, le jour où elle se manifestera par l'inscription, 93 et 94.

Lorsque la créance émane d'une donation entre-vifs, le titulaire, non payé, représentant le donateur, et, comme tel, habile à en exercer les droits, peut-il demander la révocation de la donation pour cause d'inexécution des conditions imposées au donataire direct et principal? *ibid.*

L'inscription prise sur l'immeuble compris dans un legs mis par renvoi à la fin de l'acte sans approbation en toutes lettres de la part des personnes dont la loi exige le concours simultané au testament, devra produire son effet, si le débiteur, héritier légitime du testateur, ou, à son défaut, le créancier lui-même, attaque la disposition, 117.

Cette nullité ne résulterait pas du défaut d'énonciation du domicile des contractans, *ibid.*

La loi relative au notariat, article 12, ne prescrit, dans un acte notarié, que la date de l'année et du jour, *ibid.*

L'hypothèque conférée par un premier donataire particulier, non transcriptionnaire, doit-elle avoir son effet, encore qu'un autre qui a reçu plus tard au même titre l'immeuble hypothéqué, ait rempli cette formalité? 82 et suiv.

Quid, si la donation avait été faite à titre onéreux? 86 et 87.

Y aurait-il, en ce cas, assimilation du donataire à ceux qui, ignorant les donations existantes, *au-*

raient traité avec le donateur, et qui, *conséquem-ment,* seraient irresponsables de ses faits? *ibid.*

On peut inscrire contre un successible qui, *après ac-ceptation* bénéficiaire, fait un compromis : un tel acte emporte adition pure et simple d'hérédité, 90.

L'inscription peut avoir lieu sur le fondement d'un contrat de vente passé à un mineur émancipé; ce contrat est valable, sauf réduction s'il y a lésion, 91.

Pourrait-on s'inscrire en conséquence d'un jugement aussitôt après son obtention, bien qu'il ne soit pas encore expédié et enregistré, par cela seul qu'elle est *une simple mesure conservatoire,* et non un acte d'exécution? 96.

L'exhibition, au conservateur, du titre sur lequel l'inscription repose n'est pas prescrite à peine de nullité, *ibid.*

Le créancier subrogé aux droits de la *femme mariée* fera prudemment d'inscrire : l'hypothèque légale pourrait être altérée ou stérélisée à son insu, 98.

Les créanciers d'un légataire usufruitier peuvent inscrire utilement avant que la succession soit liquidée sur les immeubles frappés d'usufruit, encore qu'il se trouve ultérieurement débiteur des héritiers, et que la compensation de son droit avec sa dette amène l'extinction de celle-ci; 99.

A la différence de l'hypothèque judiciaire qui, quant

aux biens à venir, peut être mise au grand jour à
la date de la sentence qui l'a fait naître, l'hypothèque donnée par le débiteur sur les immeubles
qui lui adviendront, ne doit se manifester qu'au
fur et à mesure des acquisitions, 101.

Le rang des créanciers auxquels les biens à venir
sont affectés s'établit par la date de leurs inscriptions, *ibid.*

Le titulaire d'un legs pécuniaire a une hypothèque
légale sujette à inscription, 101 et 102.

Celui qui, chargé d'inscrire au nom du créancier, ne
remplit pas sa mission, se rend passible de dommages-intérêts envers celui-ci, 114 et 115.

C'est là l'inévitable conséquence du principe que le
mandataire ne peut décliner la responsabilité qui
pèse sur sa tête, *ibid.*

L'impartiale équité est ici d'un tel poids qu'en l'absence d'une disposition législative, la balance ne
saurait rester un instant indécise en faveur de
l'auteur de la procuration, *ibid.*

L'adjudication définitive, sur saisie réelle, fait produire à l'hypothèque son effet légal, et dispense
par cela même de renouveler l'inscription, 107.

Toutefois quelques jurisconsultes pensent que la vente
forcée n'a cet utile résultat qu'autant qu'elle est
suivie d'une ouverture d'ordre pour la distribu-
tion du prix, *ibid.*

Quoiqu'il en soit, le créancier bien inspiré renouvelera son inscription, si le débiteur exproprié interjette appel du jugement qui a prononcé l'adjudication préparatoire ou refusé de statuer sur le mérite de sa demande en compensation, 104, 105, 106 et 107.

Il est évident en effet que l'appelant doit obtenir gain de cause, et que l'obligation de renouveler l'inscription reste entière, *ibid.*

L'époux qui donne à son conjoint, dans l'acte notarié qui précède leur union, l'usufruit de la moitié de ses biens, absorbe sa faculté disponible à l'égard de tous autres que du donataire, s'il existe trois enfans ou plus, 111 et 112.

S'il y a des inscriptions à prendre dans l'intérêt de la succession, ceux-ci doivent les requérir comme ayant des droits parfaitement égaux, nonobstant toute disposition préciputaire en faveur de quelques-uns d'eux du chef du donateur; une telle disposition n'est pas soumise dans ses résultats à l'action combinée des articles 913 et 1094, Code civil; le premier la régit exclusivement : elle est frappée de caducité, *ibid.*

La donation entre-vifs faite à un médecin exerçant sans titre légal par une *personne* dans le cours de la maladie à laquelle elle a succombé n'est pas nulle, 109.

La loi ne parle que des docteurs en médecine ou en chirurgie et des pharmaciens qui ont traité le disposant pendant la maladie dont il est mort; et comme elle édicte une pénalité, elle doit être interprétée dans un sens restrictif et non extensif : on ne saurait lui donner une autre entente sans la replier contre elle-même, et lui faire produire un effet diamétralement contraire à son esprit et aux termes de ses dispositions concordantes et réfléchies.

Si donc le donataire a régulièrement formulé son inscription, elle sera incontestablement inattaquable comme l'acte qui présida à la création de l'hypothèque qui s'est révélée et complétée par ce mode légal de publicité.

FIN DE LA TABLE.

ERRATA.